D0842501

EL PODER DEL PENSAMIENTO FLEXIBLE

WALTER RISO

EL PODER DEL PENSAMIENTO FLEXIBLE

De una mente *rígida*
a una mente *libre* y *abierta al cambio*

GRUPO
EDITORIAL
norma

Bogotá, Barcelona, Buenos Aires, Caracas, Guatemala,
Lima, México, Panamá, Quito, San José,
San Juan, Santiago de Chile, Santo Domingo

Riso, Walter, 1951-
    El poder del pensamiento flexible: de una mente rígida a
una mente libre y abierta al cambio / Walter Riso. -- Bogotá :
Grupo Editorial Norma, 2007.
    240 p. ; 22 cm.
    ISBN 978-958-45-0583-5
    1. Personalidad 2. Cambio (Psicología) 3. Modificación de la
conducta 4. Autorrealización (Psicología) I. Tít.
155.25 cd 21 ed.
A1140213

    CEP-Banco de la República-Biblioteca Luis Ángel Arango

Edición, Natalia García Calvo
Diseño cubierta, Diego Contreras Jaramillo
Fotografía de cubierta, GETTY IMAGES/PHOTO IMAGES
Diagramación, Andrea Rincón Granados

Este libro se compuso en caracteres Bembo

ISBN 978-958-45-0583-5

A la memoria de mi tío Tonino,
que supo luchar la vida y hacerse querer.

CONTENIDO

Capítulo 3
"LA RISA ES PELIGROSA"
De un pensamiento solemne y amargado a
un pensamiento lúdico

Capítulo 4
"MÁS VALE MALO CONOCIDO"
De un pensamiento normativo a un pensamiento inconformista ..

INTRODUCCIÓN

La flexibilidad mental es mucho más que una habilidad o una competencia: es una virtud que define un estilo de vida y permite a las personas adaptarse mejor a las presiones del medio. Una mente abierta tiene más probabilidades de generar cambios constructivos que redunden en una mejor calidad de vida; una mente rígida no sólo está más propensa a sufrir todo tipo de trastornos psicológicos, sino que, además, afectará negativamente al entorno en el que se mueve. ¿Quién no ha sido víctima alguna vez de la estupidez recalcitrante de alguien que, por su rigidez mental, no es capaz de cambiar de opinión o intenta imponer sus puntos de vista? No hay que ir muy lejos: en cada familia, en el lugar de trabajo, en la universidad, el colegio, el barrio o en el edificio donde habitas, siempre habrá alguien intolerante y dogmático, tratando de sentar cátedra e influir sobre lo que piensas o haces. Insisto: las mentes cerradas son un problema para ellas mismas, y para la sociedad donde viven, en tanto impiden el progreso y permanecen ancladas a una tradición que quieren perpetuar a cualquier costo.

Por el contrario, el pensamiento flexible rompe este molde retardatario y se abre a las nuevas experiencias de manera optimista. Las mentes flexibles muestran, al menos, las siguientes características: (a) no le temen a la controversia constructiva y son capaces de dudar de ellas mismas sin entrar en crisis (*aceptan con naturalidad la crítica y el error y evitan caer en posiciones dogmáticas*); (b) no necesitan de solemnidades y formalismos acartonados para ponderar sus puntos de vista (*les gusta la risa y el humor y los ponen en práctica*); (c) no se inclinan ante las normas irracionales ni la obediencia debida (*son inconformistas por naturaleza y ejercen el derecho a la desobediencia si fuera necesario*); (d) se oponen a toda forma de prejuicio y discriminación (*tienden a fijar posiciones ecuánimes y justas que respeten a los demás y eviten la exclusión en cualquier sentido*); (e) no son superficiales y simplistas en sus análisis y apreciaciones (*su manera de pensar es profunda y compleja, sin ser complicada*), y (f) rechazan toda forma de autoritarismo y/o totalitarismo individual o social (*defienden el pluralismo y la democracia como modo de vida*).

Las personas flexibles no son un dechado de virtudes ni nada por el estilo; simplemente buscan liberarse de los mandatos y los "deberías" irracionales para acceder a su verdadero ser. ¿Cómo llegar a un funcionamiento óptimo si se nos prohíbe explorar el mundo? ¿Cómo avanzar en el crecimiento interior si pensamos que el pasado nos condena? De ninguna manera estoy defendiendo a los "rebeldes sin causa" y a los alborotadores de oficio; lo que sugiero es que una mente abierta y libre querrá actualizarse de manera continua y sólo podrá hacerlo si levanta las barreras que le imponen los precursores de la dureza mental y la tradición compulsiva. Si pensamos que "todo cambio es sospechoso", molesto o peligroso, habremos entrado al sombrío terreno del oscurantismo.

La fuerza del pensamiento flexible radica en que, a pesar de la resistencia y los obstáculos, nos permite inventarnos a nosotros mismos y fluir con los eventos de la vida sin lastimar ni lastimarse. Su carta de presentación es la creatividad en aumento. La flexibilidad mental nada tiene que ver con la razón petrificada que se determina a sí misma, sino con aquella razón que "siendo razonable" se refrenda en la buena vida. No es una veleta sometida a los embates del viento que se mueve sin un norte, sino una embarcación con motor propio, así resolvamos luego cambiar de ruta cuando la tormenta asecha o si tomamos el rumbo equivocado.

Como podrá verse a lo largo del texto, la rigidez psicológica enferma, genera sufrimiento (estrés, depresión, ansiedad, hostilidad) y promueve una violencia individual y social significativa. Por eso, es incomprensible que muchas culturas avalen y promuevan el dogmatismo y el fundamentalismo en cualquiera de sus manifestaciones principales como un estandarte a seguir. Si decides aferrarte a tus dogmas de manera irracional, tendrás una vida empobrecida y dolorosa.

Por el contrario, la mente flexible fortalece el "yo", actúa como un factor de protección contra las enfermedades psicológicas, genera más bienestar y mejores relaciones interpersonales y nos acerca a una vida más tranquila y feliz. Si decides ser flexible, te quitarás un enorme peso de encima al ver que nada está predeterminado y que puedes ser el último juez de tu propia conducta.

La vida siempre está en un eterno devenir, un movimiento permanente que nunca se detiene. Frente a ella, tienes dos opciones: te estancas o te montas a la ola que recorre el universo. Reconozco que algunas personas prefieren la comodidad y el regazo de lo conocido (así sea malo), a la incertidumbre de lo desconocido o lo nuevo. Sin embargo, una existencia sin riesgos, anclada en la rutina y en lo predecible, es una manera de aquietar el cosmos, un reduccionismo existencial cuya premisa es arriesgar poco y vivir menos. La triste quietud de la resignación que niega cualquier posibilidad de cambio.

Entonces, tú decides: *rigidez mental* (por lo tanto: estrés, angustia, amargura e inmovilidad) o *flexibilidad mental* (por lo tanto: alegría, tranquilidad y desarrollo del potencial humano).

El texto tiene siete capítulos, dos apéndices y unas conclusiones finales. En el Capítulo 1, planteo la esencia del problema y hago una comparación entre las mentes rígidas, las mentes líquidas y las mentes flexibles. Luego, en los seis capítulos siguientes, confronto las características más sobresalientes de una mente flexible con las que presentan las mentes rígidas, hasta conformar el conjunto que define un pensamiento flexible: dogmatismo vs. pensamiento crítico, solemnidad vs. pensamiento lúdico, normatividad vs. pensamiento inconformista, prejuicio vs. pensamiento imparcial, simplicidad vs. pensamiento complejo y autoritarismo vs. pensamiento pluralista. En cada apartado señalo el búnker defensivo en el cual se escuda la mente rígida y cómo derrumbarlo. Finalmente, en las Conclusiones, resumo las zonas por las cuales transita y se siente cómoda una mente flexible. El Apéndice A y el Apéndice B muestran los perfiles de la rigidez y la flexibilidad mental, respectivamente, desde el punto de vista cognitivo.

He retomado los datos psicológicos más recientes sobre el tema y los he cruzado con eventos de la vida diaria, casos clínicos y aportes de la filosofía. Espero que el resultado sea agradable y útil para los lectores. También guardo la esperanza de que, después la lectura, cada quien pueda abrir un espacio de reflexión sobre su propia resistencia al cambio.

CAPÍTULO 1

TRES TIPOS DE MENTES: RÍGIDA, LÍQUIDA Y FLEXIBLE

La función del hombre sabio consiste, sobre todo,
en deliberar rectamente...
Y delibera rectamente, en el sentido más estricto de
la palabra, quien apunta en sus cálculos hacia la
más altas actividades abiertas del hombre.
ARISTÓTELES, ÉTICA DE NICÓMACO, VI, 7

Las personas tienen formas distintas de relacionarse con la información disponible en sus cerebros. Algunos se apegan a ella y otros son más arriesgados a la hora de modificarla. Hay quienes insisten de manera testaruda en que poseen la razón cuando objetivamente no es así y hay quienes reconocen sus errores y simplemente tratan de sacarle provecho a las situaciones nuevas o desconocidas.

Existen mentes que parecen de piedra: inmóviles, monolíticas, duras, impenetrables y rígidas, donde la experiencia y el conocimiento se han solidificado de manera sustancial e irrevocable con el paso de los años. Estas mentes ya están determinadas de una vez por todas, ya no aprenden nada distinto a lo que saben, porque su procesamiento obra por acumulación y no por selección. Creen haber visto la luz, cuando en realidad andan a ciegas, vagando por un oscurantismo cada vez más alejado de la realidad. Un golpe certero las hace trizas o las resquebraja, porque no están preparadas para enfrentar los dilemas y las contradicciones con su fuero interno. La mente de piedra no se permite dudar y aborrece la autocrítica. Sus fundamentos son inmodificables e indiscutibles.

Por otro lado, y parafraseando al sociólogo Zygmunt Bauman[1], hay mentes que podríamos llamar *líquidas*, que no se interesan por nada y se acomodan a las demandas de la vida sin fijar posiciones de ningún tipo. Mentes sin cuerpo propio, informes, incoloras, sin constancia ni sustancia, indolentes y lejanas a cualquier compromiso: cerebros sin memoria. Pero ojo, no es el fluir del sabio que ha comprendido el constante devenir y se monta en él, sino la negación de la propia existencia. Indolencia esencial, donde las luces se han apagado para dar paso a un relativismo de mala cepa: nada es verdadero o todo da igual. La mente líquida no tiene de qué dudar y desconoce la autocrítica, porque no tiene puntos de referencia ni fundamentos claros.

Y también existen las mentes *flexibles,* que funcionan como la arcilla. Poseen un material básico a partir del cual se pueden obtener distintas formas: no son insustanciales como las mentes líquidas, pero tampoco están definidas de una vez para siempre como las mentes de piedra. Pueden avanzar, modificarse, reinventarse, crecer, actualizarse, revisarse, dudar y escudriñar en ellas mismas sin sufrir traumas. Asimilan las contradicciones e intentan resolverlas, no se aferran al pasado ni lo niegan, más bien lo asumen sin perder la capacidad crítica. La mente de arcilla muestra una fortaleza similar a la que el taoísmo le atribuye al bambú: *es elegante, erguido y fuerte, es hueco por dentro y además receptivo y humilde, se inclina con el viento pero no se quiebra.* Para los seguidores de Lao Tse, la suavidad y la flexibilidad están íntimamente relacionadas con la vida, mientras la dureza y la rigidez están asociadas a la muerte[2]. La mente de arcilla posee fundamentos y principios pero no son inmutables.

La mente de piedra (rígida) choca con la realidad objetiva una y otra vez; la mente líquida pasa por la vida y no hace contacto; la mente de arcilla (flexible) abraza la existencia de manera equilibrada. Las personas se podrían ubicar en un continuo de tal manera que podríamos hallar gente más o menos rígida, flexible o líquida, o con el predominio de un tipo de mente y pequeñas pinceladas de las otras. Más aún, la analogía nos permite la opción de que un tipo de mente se transforme en otro: las piedras pueden derretirse o ablandarse bajo temperaturas extremas, la arcilla puede endurecerse o volverse polvo y lo líquido puede solidificarse. No obstante e independiente de las variaciones posibles, lo que define un tipo específico de mente es el *estilo cognitivo* o el *modo/tendencia relativamente estable de procesar la información de una manera específica*. Profundicemos cada estilo mental en detalle.

LA MENTE RÍGIDA

El padre de una novia que tuve en mi juventud, un español exiliado por el régimen franquista, juraba que el hombre nunca había llegado a la Luna y que todo era un montaje, porque según la religión que profesaba, "el mundo ya se habría acabado si hubieran llegado allá". El señor no sufría de ninguna alteración psiquiátrica; era un buen hombre, amable con la gente y emprendedor. Pero en lo profundo de su aparato mental, existía una marcada distorsión de la realidad: *la negación a ver las cosas como son*. Me pasé algunos años tratando de probarle que la banderita norteamericana realmente estaba clavada en la Luna. Sin embargo, cada vez que lo intentaba, me decía con cierta conmiseración: "¡Vamos, hombre, Walter, no te dejes engañar de esta manera… Tú eres una chaval muy inteligente para que te creas esas patrañas!". Creo que ni siquiera subiéndolo a una nave espacial hubiera logrado que modificara su punto de vista. El mecanismo básico de las personas rígidas es la resistencia a cambiar cualquiera de sus comportamientos, creencias u opiniones, aunque la evidencia y los hechos les demuestren que están equivocadas. Al tener tan poca variabilidad de respuesta, su capacidad de adaptación es supremamente pobre.

La mente rígida vive en un limbo facilista, distorsionado y altamente peligroso, donde la verdad ha sido secuestrada en nombre de alguien o algo. *Facilista*, porque tapa el Sol con el dedo y se atrinchera en la lógica del dogmatismo, tratando de defender lo indefendible con argumentos simplistas: "Si siempre fue así, por algo es". *Distorsionado*, porque los procesos de toma de decisión que producen los sujetos inflexibles están saturados de sesgos y errores cognitivos, de los cuales no suelen estar conscientes. Y *peligroso*, porque cuando las personas rígidas son confrontadas o "acorraladas" con argumentos sólidos, se vuelven profundamente irascibles, autoritarias e impositivas.

Los datos disponibles muestran que cuanto más cerrada es la mente, mayor será la probabilidad de enfermedad mental[3]. Sólo a manera de ejemplo, la rigidez psicológica se ha asociado con problemas interpersonales (v.g. agresividad, comunicación, colaboración)[4], a trastornos en la infancia (v.g. los padres y madres rígidos tienden a generar trastornos de diversa índole en sus hijos)[5], alcoholismo[6], esquizofrenia[7], desorden de la personalidad obsesivo-compulsivo[8], anorexia nerviosa[9], depresión[10], rumiaciones cognitivas[11] e ideaciones suicidas[12], entre muchas otras alteraciones mentales.

La tradición y las normas establecidas atrapan las mentes rígidas y las llevan a un proceso de achicamiento del mundo hasta deformarlo. El pasado se convierte en un fundamentalismo personalizado y hecho a medida, tan inconcebible como irracional. La adherencia compulsiva a determinadas creencias, emociones y conductas (esquemas), la incapacidad de cuestionarlas o someterlas a escrutinio y la "inercia en el procesamiento de la información" que se repite una y otra vez, les impiden acceder a un pensamiento crítico útil y eficiente. La gente inflexible suele ser paquidérmica a la hora de actuar, debido a que su movilidad depende de un ideal de perfección inalcanzable. Para ellos, la incertidumbre, la contradicción y la ambigüedad son demonios que deben exorcizarse a como dé lugar. Cuando se ven obligados a enfrentar información discordante con su base de datos, entran en cortocircuito o simplemente se paralizan, porque su repertorio no está preparado para la espontaneidad y la improvisación.

En el Apéndice A, puede verse el perfil básico de las mentes rígidas, sus creencias centrales, sus pensamientos, sus miedos y sus estrategias de supervivencia.

Algunas desventajas de la mente rígida

Para la gente inflexible es muy difícil alcanzar un estado de paz interior. Más aún, es prácticamente imposible estar cerca de una persona rígida, llámese pareja, compañera o compañero de trabajo o de universidad, y no verse afectado negativamente por ella o él. Podría pensarse que las mentes obstinadas deberían llevarse bien entre sí, pero no es verdad. Cuando dos individuos pétreos hacen contacto, casi siempre hay un roce implícito o explícito, así estén del mismo lado. Tarde que temprano, una escaramuza por el poder hace su aparición, tratando de mostrar quién es el más "duro de matar" o quién es el más fiel a sus creencias. En versión cinematográfica: Alien vs. Depredador.

Algunos de los inconvenientes que arrastran la rigidez y la inflexibilidad son:

- Niveles altos de estrés y depresión.
- Baja tolerancia a la frustración: no hay mente rígida que no haga pataleta.
- Angustia por no tener el control total de las cosas.
- Malas relaciones interpersonales: el autoritarismo y el prejuicio que acompaña la rigidez genera malestar, rechazo y agresión.
- Dificultades en la toma de decisiones: la persona rígida suele inmovilizarse cuando los imponderables aparecen.
- Déficit en la resolución de problemas: debido a que ven el mundo en una sola dimensión, les cuesta generar alternativas de solución.
- Alteraciones laborales, sexuales, afectivas y demás, porque toda persona rígida busca un perfeccionismo inalcanzable.
- Miedo a cometer errores y miedo al cambio.
- Dificultades en su crecimiento personal, porque viven ancladas al pasado y a los "deberías".

LA MENTE LÍQUIDA

¿Quién no ha estado alguna vez con alguien que lo único que hace es no tomar partido por nada o adopta alternativamente posiciones contradictorias sin intentar resolverlas o siquiera comprenderlas? Recuerdo que en cierta ocasión asistí a un seminario con el sociólogo Lipovetsky y cuando le preguntaron si era de derecha o izquierda, respondió tranquilamente: "Depende del día; a veces soy de izquierda y a veces soy de derecha". Esa actitud sorprendió a gran parte del auditorio y a mí también. Asumir una actitud flexible no implica ser una veleta en la mitad del océano. Andar a la deriva en cuestiones ideológicas o éticas, sin un camino claro por donde transitar, puede resultar altamente contraproducente para el sujeto e incluso para la sociedad que habita. Imaginemos que un ministro de economía dijera: "Según mi estado de ánimo, a veces soy conservador y a veces liberal". ¿Su ministerio tendría éxito? Muy probablemente no; la economía sería un fenómeno indescifrable y vaporoso y las protestas irían en aumento. No digo que haya que resolver siempre y a cualquier costo todas las dudas y los conflictos en los cuales estamos enfrascados, pero tampoco debemos necesariamente quedar atrapados en ellos y eliminar mágicamente cualquier proceso de toma de decisión en aras de una comodidad intelectual o emocional. Ciertas contradicciones son insostenibles *per se*; por ejemplo:

un ateo creyente, un psicópata defensor de los derechos humanos o un verdugo tierno.

¿Cuál podría haber sido una posición menos líquida frente a la disyuntiva planteada sobre ser de derecha o izquierda? Quizás algo menos blando y despreocupado. Por ejemplo: "No sé, no estoy seguro, estoy en la búsqueda y revisando ciertas cuestiones: hay cosas de la derecha que me parecen acertadas y otras de la izquierda que me parece que podrían funcionar. No estoy matriculado de una manera categórica en *ninguno de los dos*, pero estoy revisando el tema".

Una de las cuestiones básicas que definen la flexibilidad es precisamente el proceso de búsqueda abierta de información sin temor al cambio. La gente flexible no carece de opiniones, las tiene, pero no son intocables. Es decir, la flexibilidad psicológica se mueve entre el dogmatismo tenebroso de las mentes oscuras y la indolencia haragana de las mentes etéreas. El punto medio son las *convicciones racionales y razonadas:* "Tengo ideas, puedo sustentarlas racionalmente y estoy dispuesto a oír seriamente el otro punto de vista".

Una mente indefinida y apática es una mente voluble y despersonalizada, que no es capaz de reconocerse a sí misma. Es líquida: se escapa, se derrama, toma la forma del recipiente que la contiene o permanece indefinida e inconsistente. Vaciada de toda idea, la mente líquida le coquetea al nihilismo, no fija posición ni se compromete.

Comte-Sponville[13] dice sobre el nihilismo:

"El nihilista es aquel que no cree en nada (*nihil*), ni siquiera en lo que es. El nihilismo es como una religión negativa: Dios ha muerto, arrastrando con él todo lo que pretendía fundar: el ser y el valor, la verdad y el bien, el mundo y el hombre. Ya no queda otra cosa que la nada, en todo caso nada que tenga valor, nada que merezca la pena ser amado o defendido: todo vale lo mismo y no vale nada" (p. 371).

Una cosa es apegarse irracionalmente a las propias creencias como si fueran una verdad absoluta y otra es fluctuar entre los extremos de una indefinición que jamás toma forma. La mente líquida piensa que si todo es relativo, nada vale, nada es cierto. Repito: una cosa es tener posturas flexibles y otra muy distinta no saber dónde está parado uno. En palabras del filósofo Onetto[14]:

"En resumen, si aceptamos como igualmente legítimas todas las posiciones, su validez, su verdad, podemos ir perdiendo la capacidad de denuncia, de compromiso, de lucha por una convicción" (p. 109).

De una mentalidad vacía y fofa, nada significativo puede surgir. Tal como afirmaba Lucrecio[15]: "De la nada,

nada proviene" (*Ex nihilo, nihil fit*). Si no hay un núcleo central, no hay producción psicológica, hay muy poco qué dar y muy poco qué crear. El problema no es el pensamiento, sino cómo pensamos. Veamos tres respuestas líquidas a preguntas sólidas.

A un hombre mayor:

—¿Qué opinas de lo de Irak?
—No sé… Irak… Eso queda muy lejos de aquí… No me complique la vida…

A una estudiante mujer, próxima a graduarse:

—¿Qué opinas del calentamiento global y las implicaciones para las generaciones venideras?
—Algo leí alguna vez… Pero eso qué tiene que ver conmigo… No entiendo…

A un joven conductor de taxi:

—¿Cuál es tu opinión acerca del matrimonio entre homosexuales?
—¡Yo que sé! ¿Acaso me vio cara de homosexual?

La mente líquida pone todo el control afuera, se deja llevar por la marejada y, por eso, es mediocre y trivial. Es mejor mimetizarse, diluirse en el conjunto indiferenciado de la población, pasar desapercibido y eludir cualquier responsabilidad. La motivación se convierte en algo tan instantáneo y volátil, que la sola idea de profundizar produce molestia, pero no por miedo a que las ideas tambaleen como haría el dogmático, sino por simple y llana pereza. La mente líquida circula, pasa, atraviesa y tristemente no deja huellas. Su negligencia está en la omisión, en permanecer oculta, en no brillar con luz propia.

Similar a lo que ocurre con algunas personalidades[16], la mentalidad líquida no posee una identidad definida que permita establecer un perfil.

LA MENTE FLEXIBLE

Mientras la mente rígida está petrificada y cerrada al cambio y la mente líquida es gaseosa, la mente flexible posee un cuerpo modificable. No está fija en un punto ni se desliza por cualquier parte sin rumbo, sino que posee una dirección renovable. A la mente flexible le gusta el movimiento, la curiosidad, la exploración, el humor, la creatividad, la irreverencia y, por sobre todo, ponerse a prueba. Si la mente obstinada cierra la puerta al mundo para no poner en duda sus estructuras internas y la mente líquida la abre de par en par (aunque sin discernimiento), la mente flexible deja la puerta entreabierta. Lo positivo de la mente rígida es que posee ideas, lo negativo es que se enreda en ellas al pensar que son inmutables y eternas. Lo positivo de la mente líquida es que no pone barreras, lo negativo es la carencia de puntos de vista. La mente flexible mantiene opiniones, tiene creencias y principios, pero está dispuesta al cambio y en pleno contacto con la realidad.

La mentalidad amplia o abierta utiliza el pensamiento crítico como guía de sus decisiones. Se opone al dogmatismo en tanto es capaz de dudar de lo que cree cuando hay por qué dudar, es decir, cuando la *lógica* (buenos argumentos) y la *evidencia* (el peso significativo de los hechos) la cuestionan y, por lo tanto, la obligan a examinar en serio los propios esquemas. Tal como afirman los psicólogos Peterson y Seligman[17] , podríamos decir que la mente abierta o flexible responde a una *virtud correctiva* que está incluida prácticamente en todos los catálogos de valores, recientes y antiguos, exaltando la cualidad del buen juicio, la racionalidad y la apertura a otras opiniones.

¿Y la fe? ¿Existe una fe flexible? Para mí, existe una "buena fe" en la cual el sujeto sabe por dónde transita, conoce sus fortalezas y debilidades, es capaz de escuchar y convivir con otras filosofías y religiones. La "buena fe" no es obsesiva sino que busca el punto medio de la "razón razonable" y la "creencia creíble", como afirma el teólogo Hans Küng[18]. La "buena fe" siempre evita los extremos. En uno de sus famosos pensamientos, Pascal nos recuerda que la credibilidad no puede presuponerse[19]:

"El haber oído una cosa no debe nunca constituirse en regla de vuestra fe; al contrario, no debéis creer nada sin colocaros previamente en una situación como si no la hubieras oído nunca. Lo que os debe hacer creer es el consentimiento de vosotros con vosotros mismos y la voz permanente de vuestra propia razón…" (Pensamiento, 260).

Ya sea que la fe sea un "salto sobre la razón" (Kierkegaard) o una "apuesta" (Pascal), no es inmune a la duda, porque la certeza no existe en ningún ámbito de la vida, al menos de los que no somos místicos. Es conocida la posición asumida por el Dalai Lama cuando afirma: "Si la ciencia demuestra fehacientemente la falsedad de alguna doctrina budista, esta debe ser modificada en consecuencia". ¿Habrá mayor apertura que poner a prueba la trascendencia? Siempre he visto a los budistas como "científicos espirituales". ¿Es respetable la fe? Desde luego, si en su nombre no se violan los derechos humanos, si no es autoritaria, si no quiere imponerse a la fuerza, si no se asume a sí misma como poseedora de la verdad absoluta. En la "buena fe", la razón no muere, se mezcla con el corazón, generando una decisión que implica el ser total. Volviendo a Hans Küng, la fe podría considerarse como una "decisión que no está probada por la razón, pero sí puede justificarse ante ella".

Vale la pena aclarar que la capacidad de dudar no significa convertirse en un ratón de biblioteca, buscando desesperadamente la excepción a la regla. Para hacer el amor y disfrutarlo plenamente, no necesitamos el último artículo científico sobre los indicadores bioquímicos del orgasmo. Existe una *duda retardataria*: compulsiva, generalizada y relacionada con profundos sentimientos de inseguridad. Y existe una *duda progresista,* asumida por la mente flexible: inspiradora, motivadora y poderosa, que bien calibrada hace a las personas más fuertes y seguras de sí mismas.

Tres principios de la mente flexible

Ser flexible es un arte, una excelencia o una virtud compuesta de, al menos, tres principios: *la excepción a la regla, el camino del medio y el pluralismo.*

1. La excepción a la regla

Recuerdo que cierta vez, en pleno vuelo, mi compañera de asiento le pidió a la azafata utilizar el baño de clase ejecutiva porque el de clase turista estaba ocupado y había bastante gente en espera. La razón que esgrimió fue poderosa: estaba embarazada y no se sentía muy bien. Como si fuera un robot, la respuesta de la aeromoza se ciñó estrictamente al manual de funciones: "Lo siento, señora, pero ese baño sólo lo pueden utilizar las personas de la clase ejecutiva". La mujer insistió con angustia: "¡Por favor, es que estoy muy mal!" La azafata repitió su mensaje mecánicamente: "Usted no pertenece a esa clase". Yo intervine, tratando de convencerla: "¿Por qué

no hace una excepción? Además, el baño de la clase ejecutiva está desocupado". Su respuesta, una vez más, fue
tajante: "No estoy autorizada para hacer excepciones".
En fin, no hubo poder humano que la hiciera cambiar
de opinión y considerar que el bienestar de una persona
es más importante que la obediencia a un reglamento.
En realidad, no procesó ninguna opinión distinta a la
que estaba ya asentada en su pétrea mente.

¿Cómo podría haber actuado una persona flexible
en esa situación? Habría sopesado lo que estaba en juego
y ponderado ventajas y desventajas, además de los valores
implicados (v.g. "¿El bienestar humano es más importante
que el reglamento?"). Podría pensarse que el miedo a
los superiores pudo ser una variable que haya afectado
las decisiones de la azafata en cuestión; sin embargo, es
claro que uno puede y debe tener un margen para im-
provisar y enfrentar lo inesperado, ya que un manual no
puede contener el saber total (a no ser que se considere
"sagrado"). Y también es evidente, al menos para mí,
que si la empresa en la cual estoy trabajando privilegia
las reglas sobre las personas, la renuncia sería la mejor
opción o la salida más digna.

Buscar la excepción, la irregularidad de ciertas
pautas establecidas, sugiere aterrizar las ideas, someterlas
a contrastación y humanizarlas. Implica poner la certeza
en remojo. La mente flexible confronta los principios,
criterios o mandatos, tratando de definir las fronteras a
partir de las cuales dejan de funcionar. Por ejemplo, el

valor de la perseverancia requiere de un límite para que no se convierta en fanatismo: "aprender a perder". El valor de la modestia/humildad necesita de la autoestima para no caer en la negación del "yo". El valor del auto-dominio requiere del derecho al placer o a la felicidad si no queremos terminar en una apología al autocastigo y los cilicios. La mansedumbre sin dignidad es bajeza o humillación. En otras palabras, la mente flexible tiene en cuenta la norma, pero también aquellos factores *complementarios* y *equilibrantes* que la apaciguan.

El siguiente caso hipotético, citado con frecuencia en bioética, muestra con claridad las consecuencias que pueden surgir de un dilema ético. Un farmacéutico está cerrando la farmacia y, en ese preciso instante, llega un padre angustiado a solicitarle un medicamento porque su hijo tiene un ataque de asma y podría morirse si no se lo administra. El dueño del local mira con parsimonia el reloj que está expuesto en la pared y dice: "Lo siento, cierro a las ocho de la noche y son las ocho y un minuto". El padre alega que no hay otra farmacia abierta a esa hora y que si no le vende el medicamento, su hijo morirá. La respuesta del hombre es terminante: "¿No me entendió, señor? *Ya* cerré". El papá, al borde de un ataque de nervios, le suplica, le pide que se ponga en su lugar, que piense en su hijo… Pero el otro se atrinchera detrás de la puerta, le pone llaves, apaga las luces y se retira al interior del local. Independientemente de la irraciona-lidad del farmacéutico, lo que me interesa señalar es su incapacidad para crear alternativas de solución cuando las pautas prefijadas no funcionan. La pregunta es obvia: ¿No podría cerrar el local cinco minutos después? La historia termina en que el papá del niño rompe el vidrio, penetra con furia a la farmacia y se lleva el medicamento a la fuerza. ¿Qué tipo de falta es más censurable? ¿Penetrar en una propiedad privada sin autorización y robarse un remedio (sancionado por la ley) o dejar morir a un enfermo porque su padre llegó un minuto tarde (sancionado por la moral)? ¿Hasta dónde queda justificada la acción de robar para salvar una vida? En definitiva: la ley vs. la moral. No todo lo legal es ético, ni todo lo ético es legal. Obviamente, no estoy sugiriendo que se deba violar la ley cada vez que queramos; simplemente intento mostrar las consecuencias de no tener en cuenta las excepciones. Vale la pena acotar que en las encuestas realizadas sobre este caso en particular, la mayoría de los encuestados suelen estar de acuerdo con la actitud del padre. No me cabe duda de que la rigidez puede llegar hasta este extremo o más.

¿Podría haber creado Hitler una excepción a su demencial idea del antisemitismo y aceptar, así sea a regañadientes, que *algunos* judíos podían ser tan o más brillantes que los alemanes? Obviamente no, porque hubiera puesto a tambalear su doctrina de la supremacía racial. Las ideas dogmáticas se mantienen a sí mismas eliminado toda posibilidad de duda y cualquier caso particular que se salga del esquema que les sirve de sustento.

2. El camino del medio

Cuando estaba en el bachillerato, el profesor de geometría descriptiva era el ogro del colegio. Cada examen era una tortura porque el noventa y cinco por ciento de los alumnos reprobaba. Uno de mis compañeros de curso decidió un día hacerle frente al hombre y decirle que su evaluación no era confiable, ya que si fallaban tantos, podía estar pasando una de las siguientes cosas: (a) el nivel de exigencia era extremado, o (b) las explicaciones que daba el profesor eran insuficientes. De hecho, creo que cualquier persona que haya ejercido la docencia con un criterio razonable sabe que si nadie aprueba un examen, hay que revisar los procedimientos de aprendizaje utilizados. Pero el profesor en cuestión tenía otra teoría: "Lo único que demuestran los malos resultados obtenidos es que este es un curso de imbéciles". El señor vivía en el limbo de los autoritarios y jamás aceptó revisar su estilo pedagógico. En realidad, si alguien opinaba algo en contra, inmediatamente se sentía ofendido y comenzaba a sancionar indiscriminadamente a los disidentes. Nunca comprendí por qué el colegio dejaba ejercer la docencia a semejante personaje.

¿Cómo podría haber actuado una persona flexible en su lugar? Pues la solución hubiese sido muy sencilla: calibrar el nivel de exigencia y revisar el sistema de evaluación (después de todo, la tenebrosa idea de que la "la letra con sangre entra" no es otra cosa que la manifestación de un sadismo pedagógico que sólo conduce al odio y a la deserción escolar). Entre la demanda irracional (metas educativas inalcanzables) y la complacencia irresponsable (metas educativas pobres), existe un punto medio donde el requerimiento se hace moderado y congruente con las capacidades reales de los estudiantes. Entre la filosofía *nerd* y la dejadez, hay una forma comprometida de estudio donde la salud mental sale bien librada. Una mente flexible hubiera sido humilde y habría pensado más en el bienestar de los estudiantes que en llevarse el punto de manera arrogante.

Vale la pena señalar, una vez más, que la flexibilidad no es un "estado de la mente" sino un proceso dinámico de observación y autoevaluación permanente. Lo que intenta la mente flexible es establecer una carretera por dónde transitar con moderación, sin asfixiarse ni darse contra las paredes. La búsqueda del camino del medio aparece en prácticamente todas las tradiciones filosóficas y espirituales con distintas denominaciones: "camino del medio" (Buda)[20], "armonía" (Confucio)[21], "equilibro dinámico" (Lao Tse)[22], "prudentia" (Tomás de Aquino)[23] o "phronesis" (Aristóteles)[24].

¡Pero incluso el camino del medio tiene excepciones! Aristóteles enseñaba que algunas actuaciones son en sí mismas malas o dañinas y no admiten puntos intermedios [25]. ¿Cuál sería el punto medio de un violador? ¿Violar sólo un poco? Hay "vicios" que no permiten sino la exclusión, ya que no es posible establecer virtud alguna en su ponderación. ¿Cómo ser menos asesino, menos torturador, menos esclavo?

3. El pluralismo

Cuentan que un hombre estaba poniendo flores en la tumba de su esposa, cuando vio a un anciano chino colocando un plato de arroz en otra tumba. El hombre se dirigió al chino y le preguntó: "Disculpe, señor, ¿de verdad cree usted que el difunto vendrá a comer arroz?" "Claro", respondió el chino, "cuando el suyo venga a oler las flores".

Una mente flexible quizás habría sentido cierta curiosidad y hubiera realizado una pregunta menos irónica. Por ejemplo: "Discúlpeme, señor, ¿por qué pone un plato con arroz? No conozco esa costumbre y me gustaría saber más al respecto, si no le molesta". No es fácil ponerse en otro punto de vista, sobre todo, en una cultura que promueve el egocentrismo en todas sus formas. Creemos a cabalidad que nuestras costumbres están más justificadas que las de los demás, no vemos la viga en el propio ojo.

La mente flexible es responsiva y sensible a otros puntos de vista sin verse necesariamente en la obligación de aceptarlos. Incluye a los demás, viaja hacia ellos, intentando averiguar sus respectivos fundamentos y su parecer. Pero este viaje sólo es posible si se hace con humildad, sin la vanidad del que se las sabe todas.

En el Apéndice B, puede verse el perfil básico de las mentes flexibles, sus creencias centrales, sus pensamientos, sus miedos y sus estrategias de supervivencia.

Algunas ventajas de la mente flexible

El *buen juicio* que caracteriza a las personas de mente abierta genera *buenas decisiones* y permite establecer relaciones amables y empáticas con la gente que nos rodea. Veamos los beneficios que otorga la flexibilidad:

- Las relaciones interpersonales son amables y constructivas porque la gente no se siente amenazada y, además, uno no pretende ganar o tener razón a cualquier precio.
- Vivir en paz con uno mismo, es decir, no sentirse violentado al tener que imponerle al mundo una estructura determinada de pensamiento.
- Las cosas fluyen sin tantos requisitos: la solución de problemas y las decisiones se dan con facilidad porque uno está abierto al cambio.
- Los niveles de estrés y depresión bajan porque la mente flexible sabe perder y no se aferra a los imposibles. Dicho de otra forma, la mente flexible funciona con los pies en la tierra.
- Las mentes flexibles crecen y desarrollan su potencial humano porque no están interesadas en verdades consumadas. La vida buena es algo que surge de la exploración y el autodescubrimiento libre.
- La risa y el humor forman parte de la vida cotidiana de las personas flexibles; la amargura y la formalidad recalcitrantes son eliminadas de cuajo. ¿Habrá

mayor síntoma de salud mental que no tomarse
uno mismo muy en serio?

- Los niveles de prevención y desconfianza bajan
ostensiblemente cuando existe flexibilidad mental:
hay más amigos que enemigos, más compasión que
indiferencia, más amor que guerra.
- Ser flexible mejora el sueño y todas las actividades
somáticas, porque uno deja de pelear con el mundo
y se concentra en lo que vale la pena.
- Tal como lo demuestran todas las tradiciones
espirituales y la psicología cognitiva y positiva
contemporánea, la mentalidad flexible hace que
las personas se sientan más felices y se aproximen
más a la sabiduría.

MENTES RÍGIDAS VS. MENTES FLEXIBLES

Una buena manera de comprender las diferencias entre las
mentalidades cerradas y abiertas es analizar sus respectivas
polaridades. En los siguientes capítulos, haré una confrontación entre las características de las mentes rígidas y las
mentes flexibles y sus implicaciones para la vida cotidiana.
Se retomarán los aportes de la literatura científica más reciente sobre el tema[26] y sus implicaciones en áreas afines,
como es el caso de la resistencia al cambio[27] .

Cuando estudiamos la estructura interna de una
mente rígida, encontramos una serie de esquemas o rasgos

relativamente estables que la definen. Señalaré los más significativos:

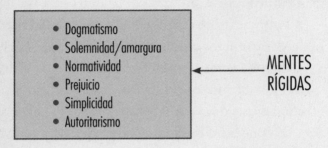

En consecuencia, el **pensamiento rígido que se desprende de ellas** será: dogmático (llevado de su parecer), solemne (amargado y circunspecto), normativo (conformista y apegado a las reglas), prejuicioso (odioso y discriminador), simple (superficial) y autoritario (abusador del poder).

Por el contrario, la estructura interna de una *mente flexible* estará definida por esquemas o rasgos opuestos a los señalados para una *mente rígida*:

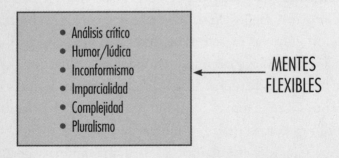

En consecuencia, el **pensamiento flexible** que se desprende de ellas será: crítico, lúdico, inconformista, imparcial, complejo (holístico) y pluralista.

Como veremos en los capítulos siguientes, es posible construir un pensamiento flexible y contribuir a que nuestras mentes sean menos rígidas y llevadas de su parecer.

CAPÍTULO 2

"SOY EL DUEÑO DE LA VERDAD"

De un pensamiento dogmático a un pensamiento crítico

¡Sapere aude! (¡Atrévete a servirte de tu propia razón!)

KANT

Podemos definir el dogmatismo como *la incapacidad de dudar de lo que se cree*: es decir, una clara manifestación de arrogancia intelectual o moral. Los dogmáticos son personas que aseguran estar en la posesión de la verdad y haber alcanzado la certeza. ¿Quién no conoce alguno? Cierta vez leí que cuando le preguntaron a Carl Jung si tenía fe en Dios, respondió: "No tengo fe, sino certeza". No me imagino teniendo una discusión abierta y flexible sobre la existencia de Dios con Jung o con personas con tal nivel de convencimiento, ya que para ellos la cuestión está *definitivamente* resuelta.

Una mente dogmática es aquella que vive anclada a sus creencias de manera radical, las cuales considera inamovibles y más allá del bien y del mal. Y no sólo me refiero a los preceptos religiosos, sino a todo conjunto de ideas que, atrincherado en procesos defensivos, pretenda sobrevivir a cualquier costo, incluso a través de la ignorancia.

EL COCTEL RETARDATARIO: DOGMATISMO, FUNDAMENTALISMO Y OSCURANTISMO

Existen mentes fundamentalistas (que piensan que las bases de sus creencias *no son discutibles*) y hay mentes oscurantistas (que se oponen al progreso y a la difusión de la cultura propia y ajena). Generalmente, ambos factores van juntos, especialmente en la conformación de sectas, sean estas religiosas, esotéricas, políticas, empresariales, mágicas o pseudocientíficas. Una mente sectaria es la que compagina el dogmatismo, el fundamentalismo y el oscurantismo en un estilo de vida destinado a estancar el desarrollo humano y personal:

- "Soy dueño de la verdad" (dogmatismo).
- "Los cimientos de mi verdad no son discutibles" (fundamentalismo).
- "La difusión de información actualizada es peligrosa para los intereses personales o grupales" (oscurantismo).

Un ama de casa adinerada se sentía profundamente alterada y ansiosa debido a los constantes enfrentamientos que mantenía con las dos empleadas domésticas que trabajaban en su casa. La mujer sufría si conversaban entre ellas, si se acostaban más temprano de la cuenta, si comían demasiado, si utilizaban el teléfono o si cantaban mientras hacían las tareas. Cuando ellas salían los domingos, faltando media hora para el regreso, la señora ya estaba mirando el reloj y anticipando que llegarían tarde. Mi paciente era víctima de tres creencias entremezcladas: (a) una creencia *dogmática*: "La función de la empleada doméstica es servirme cada vez que yo quiera y de la manera que me dé la gana"; (b) un principio no discutible, claramente *fundamentalista*: "Por eso les pago", y (c) una posición *oscurantista*: "No quiero que estudien, porque si lo hacen, les van a llenar la cabeza de cucarachas y van a terminar rebelándose". Además de un perfil claramente obsesivo, sus pensamientos constituían un *esquema rígido clasista* que no la dejaba vivir en paz y que, de paso, atentaba contra los derechos de sus trabajadoras.

El pensamiento dogmático, por definición, es retrógrado, vive aferrado al pasado y no prospera, o si avanza, lo hace a los tumbos y lentamente. La mayoría de los seres humanos guardamos en nuestra mente algunos rasgos representativos de una "Edad Media" individual, lugares oscuros y absolutistas que se oponen tozudamente a la razón y que hemos ido construyendo a lo largo de nuestra vida. Las supersticiones, fanatismos, irracionalidades o arbitrariedades van echando raíces y creando una tradición absolutista, difícil de erradicar.

Para ser flexible

- ¿No crees que haya alguna diferencia entre una alucinación y una demostración científica, entre la superstición y un conocimiento sistemático? ¿Tendrán la misma validez y credibilidad las explicaciones de un delirante que las de una persona racional?

- Si te atrae el relativismo radical y el "Todo vale", terminarás por meter en el mismo saco cualquier afirmación. Siento desilusionarte, pues la flexibilidad no asume que existen tantas verdades como gente hay, sencillamente porque "LA VERDAD" es una abstracción, un horizonte al cual apuntamos, quizás como una quimera o una preferencia. En cambio, lo que sí puedes considerar como verdadero o falso son las proposiciones y los enunciados que las personas esgriman sobre las cosas. Puedes afirmar con seguridad que el cenicero está sobre la mesa o que la lámpara está apagada Sin embargo, tu afirmación podría ser falsa, podrías estar afiebrado o haber visto mal. Bastaría con que otros también observen si el cenicero está allí donde dijiste: esa sería la *verdad concensuada sobre la posición del cenicero*. En la película *Una mente brillante*, el protagonista utiliza un método práctico/científico para saber si está alucinando o no: preguntarle a otros: "¿Tú lo ves?".

- Entonces, la mente flexible se opone a un relativismo fanático donde cualquier cosa es verdad y nada es mentira. Un paciente con un prejuicio sexista defendía sus distorsiones con la trillada frase: "¡Esta es mi verdad!", como si se tratara de un bien ganancial y la hubiera adquirido en cualquier tienda. Respuesta: "Puede que sea *tu* verdad, pero estás equivocado; la verdad es que las mujeres no son inferiores".

- La mente flexible se resiste al *fundamentalismo*, porque piensa que cualquier principio o código puede discutirse. No acepta el *dogmatismo* porque el absolutismo se opone a la realidad y a las leyes de la probabilidad (puedes estar equivocado). Y repudia el *oscurantismo* debido a que la falta de información te sumerge en la más crasa ignorancia.

LA ESENCIA DEL PENSAMIENTO DOGMÁTICO

Pero, ¿cómo identificarlo entonces? ¿Cómo detectar hasta dónde el pensamiento se ha vuelto arcaico y fuera de contexto? Comprender la esencia del pensamiento dogmático, su estructura y su procesamiento de la información de base es esencial para darle una apertura inteligente a la mente. Haré referencia a tres aspectos claves que conforman la manera de pensar dogmática: *egocentrismo* ("El mundo gira a mi alrededor"), *arrogancia/soberbia* ("Lo sé todo") y *ausencia de autocrítica e intolerancia a la crítica* ("Nunca me equivoco").

Egocentrismo: "El mundo gira a mi alrededor"

Las personas egocéntricas ven el mundo desde su propia perspectiva y desconocen que los demás puedan tener puntos de vista diferentes, confiables y racionales[28]. No es lo mismo ser egoísta que ser egocéntrico. El egoísmo tiene que ver con la incapacidad de amar a otros, el *egocentrismo es ser prisionero de su propio punto de vista*. La incapacidad de reconocer que los otros pueden pensar distinto a uno destruye cualquier relación u opción de diálogo. Estar centralizado en uno mismo implica ruptura, aislamiento, mutismo e incomprensión. El niño pequeño se asombra cuando descubre que las demás personas de su entorno no piensan igual que él y los adultos dogmáticos se ofenden cuando alguien no coincide con su manera de pensar y rápidamente resaltan la diferencia: "No eres de los *nuestros*" o "No estás en *mi* equipo".

Hace poco, tuve la oportunidad de pasar unas horas con una amiga extremadamente egocéntrica. A cada comentario mío, ella hacía referencia a algún aspecto de su vida. Por ejemplo, cuando comencé a relatarle un viaje que había hecho, me interrumpió y habló quince minutos seguidos sobre sus aventuras viajeras. En otro momento, mencioné que había comprado una escultura en una subasta y su respuesta fue una descripción minuciosa sobre todos los santos, esfinges y grabados que reposaban en su casa, pero nunca se interesó por mi escultura. A lo largo de todo el tiempo que estuvimos hablando, nunca me preguntó: "Tú, ¿qué piensas? Tú, ¿qué sientes?". Sólo había un "yo" central y ningún "tú" con quién intercambiar información. Viendo esto, decidí ponerla a prueba: "Creo que puedo tener un cáncer, ayer me hice unos exámenes…". Y la actitud fue la misma; atropelladamente, comenzó a contarme la historia de una tía a la que habían operado y que finalmente había muerto. Después de un tiempo de "exclusión", le hice saber cómo me estaba sintiendo: "Espero que no lo tomes a mal… No sé si te hayas dado cuenta, pero en el rato que llevamos, has centralizado toda la conversación en tu persona y no has mostrado el mínimo interés por lo que pienso… Quería decírtelo porque realmente es incómodo no sentirse escuchado seriamente…" Para mi sorpresa, soltó una carcajada y dijo: "Tienes razón; siempre he sido así… Creo que esto tiene su historia. No sé si te conté que mis padres eran poco comunicativos, por eso…" Y siguió hablando de sí misma.

Hasta hace unos años se pensaba que solamente los niños pequeños eran egocéntricos, pero un sinnúmero de investigaciones demostraron que la mayoría de los sujetos humanos mayores también lo son[29]. Las personas dogmáticas cuentan con un "yo totalitario" que rechaza tajantemente cualquier información distinta a la que ya tienen. Si solamente creo en mí y pienso que los demás están equivocados, la intransigencia se multiplica de manera exponencial.

En mi época de estudiante universitario, allá a finales de los sesenta, quien no estaba a favor del eslogan: "Prohibido prohibir", estandarte del Mayo francés, era poco menos que un hereje contrarrevolucionario. Los dogmáticos de turno solían ofuscarse si alguien no estaba de acuerdo con Marx, Lenin o Mao: "¿No estás de acuerdo con la dictadura del proletariado?", y luego agregaban como para darte la oportunidad de enmendar: "¿Será que no entendiste bien de qué se trata?". Si la respuesta era: "Lo entiendo pero no lo comparto", ya no te saludaban igual porque ya no eras apetecible para el partido: habías entrado al mundo de los idiotas que vivían en la periferia del saber iluminado. Lo mismo ocurría con los grupos de derecha.

El egocentrista no está preparado para la discrepancia porque simplemente no la concibe como válida. Esta operación mental, por medio de la cual uno se convierte en el epicentro del cosmos y niega la oposición por decreto, también se conoce como *personalización*. Algunos investigadores hallaron que en la adolescencia este fenómeno de personalización adquiere dos manifestaciones: la *audiencia imaginaria* (creerse que uno vive en un escenario donde todos lo miran, evalúan y critican) y la *fábula personal* (en la cual el individuo piensa que él y sus pensamientos y sentimientos son especiales y únicos)[30]. Vaya a saber cuántas "fábulas" y "audiencias imaginarias" revolotean en las mentes dogmáticas.

¿Qué es lo que se opone al egocentrismo? El **descentramiento**. La capacidad de ponerse en los zapatos del otro, hacer un giro mental y abrirse a todo tipo de información. Significa democratizar la mente y permitir que esta interactúe directamente con el mundo y sin tanto autoengaño. No puede haber pensamiento flexible sin descentramiento.

Arrogancia/soberbia: "Lo sé todo"

Las personas humildes son conscientes de que no se las saben todas. No obstante, es bueno aclarar que la humildad nada tiene que ver con los sentimientos de minusvalía o la baja autoestima: *el humilde se estima a sí mismo en justa medida*. No exagera sus dones ni se vanagloria de ello, no los publica, no los enrostra: los vive y los goza sin importarle demasiado la vox populi. "El sabio ama el anonimato", decía Heráclito[31].

No sobrestimarse y reconocer las propias limitaciones implica aceptar la posibilidad del error. Modestia balanceada, bien sustentada, lejos de la vanidad. Spinosa, en la *Ética*[32], afirmaba que la soberbia es estimarse a uno mismo en más de lo justo:

> "La sobreestimación hace soberbio con facilidad al hombre que es sobrestimado" (Proposición, 49).

La persona dogmática sufre de una curiosa forma de "infalibilidad aprendida": prefiere las certezas a las opiniones. La palabra "opinión" fue utilizada por Platón para designar un tipo de saber "aproximado", que se encuentra entre el conocimiento propiamente dicho y la ignorancia.

Repito: *la humildad es ser consciente de la propia insuficiencia*. En psicología cognitiva, la actitud dogmática se define como un esquema maladaptativo cuyo contenido gira alrededor de de una idea fija: *soy dueño de la verdad*; la cual se manifiesta en una doble conclusión: "Yo tengo la razón" y "Tú estás equivocado"[33]. Conozco una persona que se cita a sí misma como prueba de validez de sus afirmaciones: "Como yo dije en el simposio de 1995…" Y cuando un día alguien le hizo caer en cuenta de lo que estaba haciendo, replicó: "¡Pero es verdad, yo lo dije!" Maestro de sí mismo, dándose cátedra a partir de su propio saber: quien diga que la masturbación intelectual no existe no sabe de qué está hablando.

Cuentan que en cierta ocasión un maestro puso en evidencia a sus discípulos, utilizando la siguiente estratagema. Entregó a cada asistente una hoja de papel y les pidió que anotaran en ella la longitud exacta de la sala en la que se encontraban. La mayoría escribió cifras cercanas a los cinco metros y algunos agregaron entre paréntesis la palabra "aproximadamente". Luego de observar cuidadosamente las respuestas, el maestro dijo: "Nadie ha dado la respuesta correcta". "¿Cuál es?", preguntaron los alumnos. Y el maestro dijo: "La respuesta correcta es: *No lo sé*"[34]. He repetido este ejercicio infinidad de veces en terapia de grupo y no me deja de sorprender el impacto que produce en las personas algo tan sencillo. En realidad, no hemos sido educados para aceptar la propia ignorancia sin avergonzarnos por ello. Obviamente, no estoy haciendo una apología a la barbarie; más bien, intento mostrar que el "no sé" es liberador, porque nos aleja de la competencia narcisista.

Desde hace siglos, la sociedad occidental ha premiado y alabado a los que exhiben sus conocimientos y se pavonean por medio de ellos. Pero un verdadero sabio (un Sócrates cualquiera, si es que hay otro) insistirá una y otra vez en que *su sabiduría no es otra cosa que la conciencia de sus propios límites*. La duda progresista (no retardataria) y bien manejada induce un sentido de modestia y es un buen remedio, si no el mejor, para la testarudez. No ser presuntuoso de las propias creencias, valores o ideología, nos exime de la vanidad intelectual y el desgaste que implica querer siempre tener razón. ¿Habrá mayor paz que saber perder o no estar interesado en sobresalir?

Schopenhauer[35], con relación a la obsesión de ganar por ganar, afirmaba:

> "La vanidad innata, especialmente susceptible en lo tocante a las capacidades intelectuales, se niega a admitir que lo que hemos afirmado resulte ser falso y cierto lo expuesto por el adversario. En este caso, todo lo que uno tendría que hacer es esforzarse por juzgar correctamente, para lo cual tendría que pensar primero y hablar después" (p.15).

Pensar primero y hablar después... Cuando alguien está contradiciéndonos en algún foro o mesa redonda, lo que solemos hacer es anotar compulsivamente qué vamos a contestarle a nuestro interlocutor de turno, sin esperar siquiera a que el otro termine de explicar sus ideas. La mente dogmática no escucha, no es receptiva, sino defensiva. Sus energías se orientan más a preparar el contraataque que a modificar los desaciertos. Es imposible que la información entre libremente a un sistema hinchado por la pedantería.

Debo confesar que cuando me invitan a dar una conferencia y leen mi *currículum vitae* me siento un tanto incómodo. Lo que en realidad me preocupa es que los asistentes se queden pegados a la hoja de vida (aunque la mía no tiene nada de apabullante) y no a los contenidos que van a exponerse. Algunos conferencistas me han expresado la misma inquietud. Es evidente que para muchos es más importante *quién* habla y no *qué* se dice. Siempre he querido hacer un experimento sobre este tema, y lo sugiero por si alguien se anima a llevarlo a cabo. Se trata de invitar a un grupo de expositores a un ciclo de "conferencias anónimas". Ubicarlos tras bambalinas y que empiecen a hablar sin haber leído su currículo antes. De esta manera, el auditorio no estaría predispuesto a magnificar o menospreciar las ideas expuestas. Si no podemos ver la "pinta" del expositor, ni sabemos quién es en ningún sentido, quizás apreciemos mejor el mensaje. Entonces, me asalta una pregunta de investigación: ¿Qué pasaría si lo que escuchamos nos parece genial y después nos damos cuenta de que el invitado es alguien sin mayor instrucción? O al revés: ¿Cómo nos sentiríamos si luego de mostrarnos indignados por las "ridículas opiniones" del invitado, nos diéramos cuenta de que es una eminencia en el tema?

Recuerdo el caso de un colega que era criticado por sus compañeros profesionales debido a que sus escritos eran considerados "muy superficiales". En cierta ocasión, hubo una fiesta en su casa y muchos quedaron impresionados por la cantidad de libros que poseía. Además, estaba suscrito a varias revistas internacionales, algunas de la cuales ni siquiera se hallaban en la universidad. Lo sorprendente fue el cambio de opinión de algunos luego de la reunión. De un día para el otro, el

hombre había dejado de ser superficial y empezaron a
ver cosas interesantes en sus artículos y a recalcar lo bien
informado que estaba. Independiente de la profundidad
o no de mi colega, lo que quiero señalar es el impacto
insospechado que produjo el "número de libros" y "lo
reciente de las publicaciones". Eso no me cabe en la
cabeza. Los libros de consulta son una ayuda, pero creer
que el saber es directamente proporcional al número
de textos almacenados o a la cantidad de bases de datos
utilizadas es confundir referencias con conocimiento e
información con sabiduría. Atribuir un valor a alguien
implica asignar una excelencia o una virtud, que no hace
referencia al *tener* sino al *ser*.

El dogmático cree que vale por lo que tiene, por
su patrimonio moral, religioso, político, científico o
ideológico, y que esa posesión lo asciende por encima
de los demás mortales. Un profesor me dijo una vez:
"No sé qué pasa, no encuentro discípulos". Los dos nos
quedamos en silencio por un rato mientras tomábamos
un café. Al rato le pregunté: "¿Y no será que necesitas
un maestro?" Todavía me esquiva cuando me ve por los
pasillos de la universidad.

¿Qué se opone a la arrogancia/soberbia? La **virtud
de la humildad**, la cual consiste en reconocerse a sí mismo tal como uno es, sin sobrevalorarse ni despreciarse. *Si el
descentramiento nos permite viajar hacia otra persona y conocerla,
la humildad nos permite aprender de ella.* La humildad libera
la mente de la agotadora y casi siempre innecesaria com-

petencia de querer ser más, de pavonearse, de recordarle al mundo lo que somos. La modestia, decía Jankelevich, "…nos retiene en el camino recto de la inocencia". Yo diría que, además, nos acerca al asombro. No puede haber pensamiento flexible sin humildad.

Ausencia de autocrítica e intolerancia a la crítica: "Nunca me equivoco"

Un pensamiento sin conciencia de sus limitaciones es un pensamiento incompleto. Mantener una *actitud crítica* saludable significa no aceptar ideas o doctrinas sin haberlas sometido antes a un análisis cuidadoso donde se pueda evaluar su verdad, su falsedad o las dudas que de ellas surgen. Las personas que no le temen a la crítica son inconformistas y poseen la dosis de incredulidad necesaria para acceder a todo tipo de información sin escandalizarse ni ofenderse.

"Dudar de todo, dudar frente a la afirmación y la negación" afirmaban los escépticos, quienes sostenían que todo pensamiento es incierto y que no tenemos acceso a la verdad definitiva. En el siglo II d. C., Sexto Empírico[36] (quizás el mayor divulgador del escepticismo antiguo) sostenía que la *duda* y *cierto relativismo* no sólo eran el mejor antídoto contra los dogmáticos, sino que permitían alcanzar la "tranquilidad del alma", que para ellos no era otra cosa que la *indiferencia*.

¿Qué es la autocrítica? Examinar las propias creencias, valores y comportamientos y descubrir lo *inútil*, lo *absurdo* o lo *peligroso* de nuestra manera de pensar. Sospechar razonablemente de uno mismo permite rasgar el velo de las apariencias y ampliar el autoconocimiento. La autocrítica no debe ser necesariamente destructiva, no se trata de castigarse despiadadamente como lo haría una persona obsesiva buscando el rendimiento perfecto. *Abrir la mente a la autoobservación y a la autoevaluación inteligente significa dejar entrar la duda razonable y someterse al fuero de la razón.*

Para los griegos, la suspensión o la interrupción del juicio *(epojé)* era una condición imprescindible para describir lo nuevo o comprender la realidad en la cual se está inmerso. El procedimiento consistía en poner las creencias o los valores entre paréntesis por un instante para poder deliberar libremente: nada de prejuicios, nada de esquemas preventivos: sólo escucha activa. No significaba renunciar a las propias convicciones, porque ellas seguían latentes, se trataba más bien de darle oportunidad a las posiciones contrarias. La suspensión del juicio, como método, facilita la posibilidad de situarse en el terreno del supuesto adversario y aceptar momentáneamente los principios del otro para conocer la doctrina rival desde adentro[37].

Cuando era estudiante de psicología, posiblemente debido a que venía de estudiar ingeniería electrónica, asumí desde los primeros semestres una posición antipsicoanalítica, la cual expresaba cada vez que podía. No me gustaba mucho Freud porque sus postulados me parecían poco científicos. Un día, el profesor de filosofía de la ciencia, también crítico del psicoanálisis, me hizo la siguiente recomendación: "Tú puedes pensar como quieras, sin embargo, me parece importante que antes de criticar un modelo lo conozcas bien. Te invito a que estudies más la teoría psicoanalítica, que te acerques a ella y la palpes desde adentro… Y después sí, toma tu decisión". Seguí su consejo al pie de la letra: revisé mis opiniones y profundicé el tema durante bastante tiempo. Finalmente, me mantuve en la decisión de no adscribir al psicoanálisis, pero mi postura esta vez tenía otras connotaciones: estaba más fundamentada y había sido producto de una deliberación seria y racional. No sólo había respetado al psicoanálisis, sino a mí mismo.

¿Qué se opone a la *autoindulgencia* de un "yo" que es incapaz de revisarse a sí mismo? La **autocrítica**: autoobservación y autoevaluación. Una mente asustadiza nunca se pone a prueba, así el costo sea el error o la ignorancia. Pensar sobre lo que pensamos, analizar lo que analizamos, examinar lo que examinamos, ver nuestra mente en acción, de manera completa y sin tanta benevolencia cómplice. ¿Qué se opone a la complacencia del dogmatismo para consigo mismo? **La duda, el sano escepticismo**. Esa es la vacuna o el antídoto para las falsas certezas. No puede haber pensamiento flexible sin autocrítica.

Para ser flexible

- Practica el descentramiento cada vez que puedas. Intenta hacer un giro y ponte en el lugar del otro. Conviértelo en una costumbre: ¿Qué sentirá, qué pensará, cómo habrá llegado a esas conclusiones, cómo se sentirá el otro? Aceptar que uno no es el centro del universo es romper el ordenamiento mental de la rigidez. Flexibilidad es integración; rigidez es exclusión.

- ¿Estás consciente de tu propia insuficiencia o te has creído el cuento de que te las sabes todas? Tienes que desinflar el ego para ser flexible, porque la humildad nace de la necesidad de saber y explorar el mundo. El "no sé" te impulsa; el "lo sé todo" paraliza tu pensamiento. Es mejor no sentirse Dios; eso es demasiada carga.

- Si eres capaz y si la valentía te aguanta, trata de observar lo bueno y lo malo en ti. No esperes a que otros te digan que torciste el camino. Cae en cuenta tú mismo, autoobsérvate sencillamente porque "se te dio la gana". No hay flexibilidad sin revisión a fondo, sin pasar el antivirus para mentes retrógradas. ¿Ejecutar el análisis de todo el sistema? No lo dudes, aprieta la tecla que diga OK. Echa a rodar el programa de autocrítica. Al principio te sentirás incómodo, pero al cabo de un tiempo habrás creado la maravillosa costumbre de no dejar entrar el dogmatismo a tu vida.

EL BÚNKER DEFENSIVO DEL DOGMATISMO: "SI NO GANO, EMPATO"

Como ya dije antes, cuando una mente rígida establece un juicio acerca de algo o alguien, permanece anclada o apegada a él de manera obstinada, sin realizar ajustes sustanciales, aunque la experiencia le demuestre lo contrario. En cierto sentido nos "enamoramos" de nuestras creencias. No sólo creemos ciegamente en nuestros esquemas, sino que, como todo animal de costumbre, creamos lazos afectivos y nos encariñamos con lo viejo[38].

Recuerdo que en cierta ocasión me llamaron del colegio donde estudiaba una de mis hijas porque se había estado presentando un robo continuo de lápices en el salón de clases al cual asistía y ella era considerada una de las "sospechosas". Lo primero que pensé cuando me explicaron el asunto fue que mi hija no era una ladrona y que ese colegio era una porquería. Por aquel entonces, mi hija tenía ocho años y yo era bastante sobreprotector. Me presenté ante el rector y demás profesores con una marcada indignación de padre maltratado, sin siquiera haber hablado con mi hija. Al ver mi exaltación y mi actitud defensiva, una psicóloga me preguntó: "¿Usted está *totalmente* seguro de que su hija no robó los lápices? ¿*Pondría* las manos sobre el fuego? ¿Diría que es *absolutamente* imposible?". Mi respuesta fue categórica y dogmática: "Sí, estoy totalmente seguro, pondría las manos sobre el fuego y es absolutamente imposible". A los pocos días, descubrieron que el niño responsable era de otro salón y mi "orgullo" fue resarcido.

Lo que quiero señalar con esta anécdota es que en el momento del interrogatorio, aun sabiendo que la cleptomanía es común en ciertos niños y que de ninguna manera puede censurarse éticamente a un menor por tener esta conducta, yo sentía que me estaban atacando "moralmente", a mí y a mi familia. Hubiera apostado la vida sin dudarlo, cuando en realidad, las tres preguntas que me hizo la psicóloga deberían haberme aterrizado. Mi racionalidad se vino a pique, mi afecto me llevó a descartar de plano todo aquello que estuviera en contra de mi encolerizado pensamiento. No fui flexible, no le di cabida a la reflexión, en otras palabras: el que tomó la "decisión" fue el corazón herido.

¿Cómo defienden las mentes rígidas sus dogmas, si los hechos objetivos las contradicen? ¿Cómo logran seguir aferradas a sus ideas, pese a la irracionalidad de las mismas? ¿Por qué la vida cotidiana no las lleva a cambiar y abandonar la obstinación? El procedimiento de automantenimiento es la estafa cognitiva: simplemente, de manera consciente o inconsciente, manipulan la información a su favor. Señalaré algunas de estas operaciones psicológicas defensivas por las cuales la mente dogmática mantiene a raya la información discrepante, para no desprenderse de sus esquemas y mantenerlos activos: (a) *apelación a la autoridad*; (b) *"Ya lo he decidido"*; (c) *razonamiento emocional*; (d) *"Todo es posible"*, y (e) *"La cosa podría ser peor"*.

Apelación a la autoridad

La siguiente frase la he escuchado infinidad de veces: "¡Pero cómo se te ocurre dudar, si lo dijo el maestro!" Llámese jefe, dueño, líder, mayor accionista o gobernante, una de las claves defensivas de las mentes dogmáticas es recurrir al poder de la autoridad moral, política o religiosa, para defender sus ideas.

En cierta ocasión, asistí por curiosidad a una sesión de un grupo que hacía "regresiones" por medio de hipnosis, cuyo fin era acceder a la sabiduría de un maestro ya fallecido. La médium, por decirlo de alguna manera, era la secretaria del líder que, a su vez, era hipnotizada por él. Luego de presenciar varios intentos de contacto con el supuesto médico del plano astral, una señora no muy convencida de lo que estaba observando preguntó:

"¿Cómo saben que el supuesto "maestro ancestral" no es un farsante o que la secretaria, de manera no consciente, está diciendo lo que el jefe espera que diga?" De inmediato, el ambiente adquirió un clima de profanación. La mujer que había hecho la pregunta insistió: "¿No hay posibilidad de que estén equivocados?" La respuesta de los organizadores no se dejó esperar: "¡Pero lo dijo el maestro desde la otra vida! ¿No alcanza usted a ver la importancia de esto?" La señora contestó tranquilamente que "no veía la importancia". Entonces, la esposa del líder se paró y dijo en tono ceremonial: "No es posible que se trate de un farsante, porque nos hubiéramos dado cuenta… Además, si fuera un estafa, nuestra vida dejaría de tener sentido, porque el maestro nos ha enseñado la misión…" ¿Qué más se podía decir? De haber seguido la confrontación, la reunión hubiera terminado en una guerra santa. Cuando se apela a la autoridad como criterio de verdad de una manera tajante, cualquier conversación o intercambio de opiniones es imposible.

La filósofa Adela Cortina[39] señala que en la Edad Media, los criterios para determinar la verdad de un pensamiento o un mandato eran principalmente tres: (a) la evidencia percibida de manera inmediata ("Lo veo o lo siento así"); (b) pertenecer a una tradición debidamente acreditada y respetada, y (c) cuando dicha proposición era formulada por una autoridad competente. Tradición y autoridad: dos muros de contención para detener la fuerza del cambio.

Sin embargo, la apelación a una fuente venerable (un autor consagrado, un poder) muestra una debilidad implícita, porque si hubiera argumentos suficientes no habría que recurrir a ninguna magnificencia ni a ningún dogma. No digo que haya que desconocer caprichosamente al hombre sabio, sino que la verdad no se proclama ni se decreta, más bien se descubre, se busca, se suda o se sueña. Cabe preguntarse: ¿Qué queda de la humanidad creadora cuando la mente se limita a obedecer?

"Ya lo he decidido"

Es una variación del anclaje que cierra las puertas a cualquier posibilidad de cambio. La frase es lapidaria porque define un punto cero a partir del cual ya nada hará que el otro cambie de opinión. No hay marcha atrás ni adelante, es el estancamiento de la mente que se resigna. Dos disertaciones de Epícteto pueden ayudarnos a comprender mejor el punto anterior[40]:

1. Contra los académicos: (Libro I, V)

> "Si alguien se resiste no es fácil hallar un razonamiento por medio del cual se le haga cambiar de opinión. Y esto no se debe ni a la incapacidad de aquel ni a la debilidad del maestro, sino a que si sigue obstinado pese a la evidencia, ¿cómo se puede razonar con alguien así?"

2. A los que se mantienen inflexibles en lo que
   decidieron: (Libro II, XV)

> En este apartado, Epícteto cuenta cómo un
> amigo suyo, "sin causa alguna", había deci-
> dido dejarse morir de hambre. Cuando fue a
> verlo, ya llevaba tres días de abstinencia.
> —He tomado una decisión —dijo el ami-
> go.
> —Pero, de todas maneras, ¿qué fue lo que
> te llevó a esto? Si decidiste de un modo
> correcto, estamos a tu lado y te ayudaremos
> a morir; pero si decidiste de un modo irra-
> cional, cambia de opinión.
> —Hay que mantenerse en las decisiones.
> —¿Qué dices hombre? No en todas, sola-
> mente en la correctas… ¿No quieres revisar
> los fundamentos de tu decisión y ver si es
> saludable o no, y así construir sobre ella?

"Ya lo he decidido": ya no hay con quién hablar.
La mente hace pataleta y se despacha con un: "Porque
sí", fuera de toda lógica. Insensatez y testarudez condu-
cidas al límite: mantenerse en lo mismo, pase lo que pase.
¿Cuántas veces en la vida, por no dar el brazo a torcer, se
nos complican las cosas al extremo? Recuerdo el caso de
un amigo que había tomado la decisión de renunciar a su
empleo porque sentía que sus superiores no lo querían.

Por esos días, por pura casualidad, lo ascendieron y le entregaron una carta de felicitación firmada por el jefe (que supuestamente lo odiaba). Llegó a mi casa a altas horas de la noche, agitado y muy angustiado. Cuando me contó la historia, sólo atiné a felicitarlo, lo cual aumentó su angustia. "¿Pero cómo, no entiendes? ¡Yo ya había decidido irme! No sé qué hacer…", murmuró para sí. "¿Ya tienes un trabajo nuevo?", pregunté. "No, no, pero pensaba tenerlo", respondió. Entonces, le propuse un acto heroico, considerando la preocupación en la que se hallaba: "¿Qué te parece si *cambias de opinión*?" Se quedó pensando unos segundos y luego dijo: "Te entiendo… Pero es que yo ya lo había decidido…" Afortunadamente, la obstrucción mental sólo le duró un día y finalmente aceptó el ofrecimiento. Cuando la mente entra en el atolladero de la psicorrigidez, destrabarla no es tarea fácil. Para las personas inflexibles, modificar las opiniones es un verdadero problema porque su procesamiento de la información no está adaptado para el cambio. De ahí su angustia y preocupación.

Séneca, en *La tranquilidad del alma* (o *Sobre la serenidad*)[41], hace el siguiente apunte a su interlocutor:

> "Debemos también mostrarnos flexibles para no insistir demasiado en nuestras decisiones y actuar sin temor de cambiar de actitud… Pues la obstinación por fuerza es angustiosa y miserable… El no poder cambiar nada y el no poder soportar nada son enemigos de la tranquilidad" (p. 79).

No hay tranquilidad del alma, si la mente es rígida, porque cada opinión será una carga pesada, imposible de movilizar.

Ejemplo de un diálogo liberador:

—Ya no te quiero, me cansé de tus infidelidades —dice ella.

—Pero me conociste así, me amaste así, me aceptase así… Y ahora, después de quince años, ¿me sales con esta? —dice él con indignación.

—Sí, pero *cambié de opinión*: ahora quiero un hombre fiel.

Sencillo y directo a la cabeza. Sabiduría del que sabe lo que "no quiere".

Razonamiento emocional

Como vimos en el ejemplo de los lápices robados, las personas suelen confundir el "sentimiento" con la razón. Establecen un nexo directo entre la emoción y los hechos, de tal manera que el sentimiento termina convirtiéndose en criterio de verdad. Por ejemplo: "Si me siento un fracasado, entonces, *lo soy*. Me siento estúpido, así que *debo serlo*. Siento que no me quieres, por lo tanto *no me quieres*". La pregunta que surge de esta manera de pensar es evidente: ¿Cómo someter a prueba una creencia o un valor (cómo discutirlo), si su criterio de verdad se basa exclusivamente en el sentimiento? El pensamiento flexible trata de buscar un equilibro razón/emoción: *sentir lo que pienso y pensar lo que siento.*

Cuando el dogmático se siente acorralado, apela al razonamiento emocional: "Para mí es cierto, *porque lo siento así*". Y allí ya no hay nada qué hacer. La puerta de la comunicación se cierra y el diálogo pasa a ser una herejía. No es que el sentimiento sea malo en sí, pero endiosar el afecto y hacer de la intuición visceral un criterio de verdad no deja de ser peligroso. ¿Acaso te harías operar por un cirujano que en vez de utilizar los procedimientos técnicos modernos se dejara llevar exclusivamente por su intuición? ¿Te montarías en un avión en el que el piloto empleara su "presentimiento" en vez de los radares? No conozco ningún hombre de negocios que decida "intuitivamente" cómo invertir unos cuantos millones de dólares en la bolsa. Pese a lo obvio de esta argumentación, llevamos a cabo infinidad de actividades basados en nuestra capacidad de adivinación afectiva y luego nos sorprendemos de los resultados.

Veamos esta lúcida referencia del filósofo Blackburn[42], quien afirma que el juicio moral es mucho más que sentimiento y emotividad:

"Decir que una acción es 'correcta' o que 'debiera' seguirse un plan determinado no es sólo *expresar un gusto o una preferencia*, sino también sostener cierto punto de vista. Es dar a entender que ese juicio se *apoya en razones...* Cuando se hace un juicio moral en principio, no sólo se limita uno *a expresar sentimientos…* se toma uno la molestia de examinar la situación…" (p. 69, las itálicas son mías).

"Todo es posible"

Es una variación del punto anterior, una forma de esperanza ilimitada. No obstante, las buenas intenciones y para desgracia de los fanáticos del optimismo, desear algo con todas las fuerzas no es suficiente para que la realidad cambie, los mares se abran o las manzanas se conviertan en sandías. Podríamos pararnos frente a un camión que se acerca velozmente y "desear de todo corazón" que no nos atropelle o subirnos a un piso treinta y con "todo nuestro ser" desear volar antes de lanzarnos, pero es mejor dejarle un lugarcito al escepticismo. Es mejor no intentarlo. El deseo es un motor importante, no cabe duda, y es el impulso vital que nos mueve hacia nuestros fines más preciados, pero es evidente que no posee el poder sobrenatural que le atribuimos. El deseo puede obrar como profecía autorrealizada, que consiste en actuar sobre el medio, casi siempre de manera no consciente, para hacer que nuestras expectativas, positivas o negativas, se cumplan. Pero eso, nada tiene que ver con hacer milagros o contrariar las leyes de la naturaleza. Una de las respuestas típicas del dogmático ante una evidencia abrumadora en contra es sacar de la manga el pensamiento mágico: "Todo es posible".

Pero no; no todo es posible. Al menos para esta vida y en este planeta. Y no es pesimismo, sino realismo crudo y saludable. Es verdad que hay gente que se cura inexplicablemente de un cáncer, pero hay otras que no. Algunos salen adelante luchando y confiando en que un ser superior les ayudará en su recuperación, pero otros muestran mejorías sustanciales cuando "aceptan lo peor que pueda ocurrir". La entrega total y realista al universo, a la divina providencia o como queramos llamarlo, también puede sacarnos del problema.

Creer que "Todo es posible" puede resultar muy peligroso, porque, a veces, la esperanza irracional nos deja pegados a situaciones negativas. Dos ejemplos sencillos:

— *El hombre pregunta con ansias:* "¿Me amarás algún día?" Ella responde: "Todo es posible". Y él no es capaz de iniciar otra relación, esperando el día en que ella lo ame.

— *El comerciante le dice a su abogado/contador:* "¿Cree que podré salvarme de la quiebra?" Y el otro responde: "Todo es posible". El comerciante se anima, crea esperanza y le invierte más al negocio. Su quiebra se acelera.

Sea como sea, la frase "Todo es posible" lleva implícita su propia contradicción y, por lo tanto, se anula a sí misma: "Si todo es posible, lo imposible también puede existir".

"La cosa podría ser peor"

Esta distorsión se basa en una mala resignación. Por ejemplo, cuando criticamos determinado sistema político o económico, y alguien dice: "No te quejes, podría ser aún peor" o "Este es el único que tenemos" o "Es el menos malo". Si nos atenemos a las leyes de Murphy ("Las cosas pueden siempre empeorar un poco más") o a Séneca ("Todo tiempo pasado es mejor"), deberíamos concluir que siempre puede ocurrir algo más grave, más peligroso o más complicado. Siempre habrá alguien que esté peor y que sirva de consuelo para tontos o descarados. Veamos dos ejemplos:

Hambruna:
>—¿No cree usted que la hambruna en África debería avergonzarnos a todos?
>
>—Cada quien ayuda como puede.
>
>—Pero los niños se mueren, el hambre y la miseria siguen…
>
>—Podría ser peor.
>
>—¿En qué sentido?
>
>—¡Es obvio! ¡No todo el mundo pasa hambre!

Salud:
>—¿No cree usted que el sistema de salud deja por fuera a mucha gente pobre?
>
>—Es lo que tenemos.

—Sí, ya sé que es lo que tenemos, pero la gente necesita más cubrimiento.

—Hacemos lo que se puede.

—No cree que habría que cambiar las políticas actuales.

—Lo que tenemos no es tan malo.

—¿Podría decirme entonces qué es lo malo del actual régimen de salud?

—Prefiero no entrar en esos detalles.

—Pero reconoce su insuficiencia, ¿o no?

—Podría ser más difícil… Hay países que están mucho peor…

Terrorismo psicológico: "¡Podría irte peor, mucho peor!" Es la indolencia del que teme y el argumento de los incapaces. El enunciado "La cosa podría ser peor" inmoviliza, deprime, lentifica el organismo y embrutece la mente.

Una de mis queridas abuelas napolitanas tenía un eslogan que se podría traducir como "déjalo estar" (*Lasha sta*) y recurría a él cada vez que alguien insistía en meter el dedo en la llaga o destapar una verdad incómoda. En algunos países de habla hispana, se utiliza la proposición: "déjalo así", lo que equivale a decir: no remuevas el avispero, no levantes la perdiz, no compliques las cosas. En fin: "Quédate quieto, no cuestiones, no pienses estupideces, cálmate, ya, ya…"

Entre "Todo es posible" y "Podría ser peor" existe el punto medio del realismo, que consiste en intentar un cambio cuando verdaderamente se justifique hacerlo. A esto debemos apuntar si queremos ser flexibles.

EL PODER DEL PENSAMIENTO CRÍTICO

El dogmatismo es una alteración del pensamiento que consta de tres elementos: (a) un esquema disfuncional: "Soy poseedor de la verdad absoluta"; (b) el rechazo a cualquier hecho o dato que contradiga sus creencias de fondo y, (c) la negación de la duda y la autocrítica como procesos básicos para flexibilizar la mente. El dogmatismo es una incapacidad de la razón que se cierra sobre sí misma y se declara en estado de autosuficiencia permanente. La natural incertidumbre es reemplazada por una certeza imposible de alcanzar. ¿Cómo mantienen semejante actitud las mentes rígidas? Por medio del autoengaño. Aquello que no esté de acuerdo con sus ideas es erróneo, incompleto o producto de la ignorancia. La flexibilidad, obviamente, les produce temor y recelo, porque es atrevida. La diferencia es clara: la mente flexible está dispuesta al cambio, el dogmático ve en el cambio una forma de derrota. Presentaré algunos de los factores más importantes que definen el *poder del pensamiento flexible y la actitud crítica* como una forma de neutralizar el dogmatismo.

El pensamiento crítico te permite:

- Actualizar tus creencias, opiniones e ideas.
- Acercarte al nuevo conocimiento sin miedo.
- Manejar una dosis saludable de relativismo.
- Descentrarte y reconocer otros puntos de vista de manera relajada, porque lo que te interesa no es "ganar" sino saber qué tanto estás en lo cierto.
- Practicar la humildad, porque "no te las sabes todas".
- Aprender a recibir las críticas constructivas y a ejercitar la autocrítica.
- Discrepar de los modelos de autoridad, sin culpa ni arrepentimiento.
- Estar con los pies en la tierra y aceptar que "No todo es posible".
- Dejar entrar a tu mente toda la información posible y no solamente lo que le conviene a tus necesidades/creencias/valores.

CAPÍTULO 3

"LA RISA ES PELIGROSA"

De un pensamiento solemne y amargado a un pensamiento lúdico

> *La potencia intelectual de un hombre se mide por la dosis de humor que es capaz de utilizar.*
>
> NIETZSCHE

¿Quién no ha tenido que aguantarse alguna vez a un "experto" que se toma muy en serio a sí mismo y piensa que sus conocimientos son la sapiencia en pasta? Una de las características de la inflexibilidad mental es la solemnidad, que se manifiesta, abierta o soterradamente, como una fobia a la alegría. Para estos individuos, la carcajada es una manifestación de mal gusto, la broma o el chiste un síntoma de superficialidad y el humor en general un escapismo cobarde de los que no son capaces de ver lo horripilante del mundo.

El psicólogo Seligman ubica el *sentido del humor* (picardía) como una fortaleza perteneciente a una virtud mayor: la trascendencia[43]. Y lo define como "el gusto por reír y hacer reír, y ver el lado cómico de la vida fácilmente", incluso en la adversidad. Recuerdo que en cierta ocasión un amigo se resbaló al bajar de un autobús. La caída fue bastante aparatosa porque fue deslizándose sentado sobre su trasero hasta aterrizar en la acera. Una mujer que pasaba por allí se acercó rápidamente a prestarle ayuda, y le preguntó: "¡Dios mío! ¿Se cayó?". Mi amigo, a quien no le falta sentido del humor, respondió en tono parco: "No, señora, es una vieja costumbre de familia". Este comentario dio pie para que todos aquellos que tenían la risa contenida sacaran a relucir libremente la carcajada y la algarabía fue total. Buen humor: disposición a reírse de sí mismo, pero además, provocar la risotada e involucrar a los demás en la ocurrencia. Por eso, el arte de bromear sanamente es una virtud social.

Puede haber humor sin sabiduría, pero no lo contrario. Las tradiciones espirituales más conocidas de Oriente y la filosofía antigua atestiguan lo anterior. Por ejemplo, el guía espiritual Bhagwan Shree Rajneesh[44] cita el curioso caso de un místico japonés llamado Hotei, apodado el "Buda que ríe":

"En Japón, un gran místico, Hotei, fue llamado el Buda que ríe. Fue uno de los místicos más amados en Japón y nunca pronunció una sola palabra.

Cuando se iluminó, comenzó a reírse y siempre que alguien le preguntaba: ¿de qué te ríes?, él reía más. Iba de pueblo en pueblo, riéndose…" (p. 106).

Y en otra parte, agrega:

"En toda su vida, después de su iluminación, por alrededor de cuarenta y cinco años, sólo hizo una cosa: y fue reírse. Ese era su mensaje, su evangelio, su sagrada escritura" (p. 107).

Las personas que conocían a Hotei no podían parar de reír y no tenían idea de por qué lo hacían. En realidad, se reían sin razón, algo que no entra en la cabeza de una persona rígida. Esa es una de las cualidades más significativas de la risa: se riega como pólvora, se expande como una ola de júbilo que envuelve y revuelca a quien la escucha.

El maestro Chögyam Trungpa [45], en *El mito de la libertad*, sostiene de manera jocosa que la creencia de que el "yo" es un ente sólido no es otra cosa que un "chiste cósmico". Un *swami* me dijo en cierta ocasión: "Lo que me resulta realmente divertido, y espero que no lo vaya a tomar a mal, es que usted cree que existe". Recuerdo que su frase, aunque no me produjo una crisis de identidad, me dejó pensando varios días. No saber quién soy, vaya y pase, ¿pero dudar de mi existencia? En todo caso, por ahora, todavía sigo creyendo que soy un ser real, así produzca sonrisas compasivas en mis amigos budistas.

El hombre sabio mantiene un constante espíritu festivo frente la vida. Y no me refiero a un optimismo relamido, sino a poder dar el salto y ver más allá de los sistemas de clasificación y la lógica de línea dura. El pensamiento crítico no es incompatible con el ingenio, la agudeza y la hilaridad. El sabio se revisa a sí mismo y se enriquece con otras perspectivas; sin embargo, también es capaz de sacarle provecho al absurdo. Más aún, la faceta chispeante del buen humor posee la curiosa capacidad de juntar los polos opuestos en una dimensión paradójica inesperada y producir una sensación de soltura y relajamiento. Tres ejemplos:

1. Montaigne:
   "Mi vida ha estado repleta de terribles desgracias, la mayoría de las cuales nunca sucedieron".
   Catástrofe y bienestar en el mismo saco. Humor concentrado que puede llegar a trastornar a más de un sesudo analista.

2. Óscar Wilde, en el acto tercero de la obra de teatro *Un marido ideal,* nos muestra el siguiente diálogo:
   —Cosa extraordinaria la que sucede con las clases bajas en Inglaterra. A cada rato se les muere algún pariente.

—¡Sí, mi lord! A ese respecto son extremadamente afortunados.

Humor negro y sarcástico, y aún así, refrescante, cuando nos sorprende un pensamiento
lateral inesperado.

3. Dos anotaciones de Groucho Marx, donde
   el "sin sentido" y la semántica adquieren
   un significado inesperado:
   "Partiendo de la nada hemos alcanzado las
   más altas cotas de miseria".
   "Fuera del perro, un libro es probablemente
   el mejor amigo del hombre. Y dentro del
   perro probablemente está demasiado oscuro
   para leer".

Alguien decía que la vida es muy importante para
tomársela en serio. Y lo mismo ocurre con la propia
autopercepción. Si no sufres de endiosamiento ni tienes
aires de grandeza, deberías aprender a tomarte el pelo a
ti mismo de tanto en tanto, como un ejercicio de sincera
modestia y libertad mental.

Mucha gente teme dar la impresión de ser un
payaso si se vuelve demasiado alegre y prefiere adoptar
la actitud del sepulturero. Para ellos va este relato de An-
thony de Mello, en el libro *Un minuto para el absurdo*:

El maestro era cualquier cosa,
menos ampuloso. Siempre que hablaba,
provocaba enormes y alegres
carcajadas, para consternación de
quienes se tomaban demasiado en serio
la espiritualidad… y a sí mismos.
Al observarlo, un visitante comentó
decepcionado: "¡Este hombre es un payaso!"
"Nada de eso", le replicó un
discípulo: "No ha comprendido usted
ni palabra: un payaso hace que te
rías de él, un maestro hace que te
rías de ti mismo".

Una persona mentalmente sana crea humor, lo inventa y lo incorpora a su vida de manera desprevenida. Reconoce y busca activamente el sentido lúdico de las cosas y es capaz de suavizar la percepción de las situaciones adversas, tratando de mantener un mejor estado de ánimo. El ingenio nos ayuda a fluir; el mal genio genera estancamiento mental.

HUMOR Y SALUD

El *Diccionario ideológico de la lengua española* define humorismo como: "Manera de enjuiciar, afrontar y comentar las situaciones con cierto distanciamiento ingenioso, burlón y, aunque sea en apariencia, ligero". Aclaremos:

Ingenio: sutileza, perspicacia, chispa, inspiración, mente despejada y libre, no atada a condiciones previas asfixiantes.

Distanciamiento: alejarse de uno mismo, alejarse del "yo" y sus inseguridades, del ego y su vanidad, poner la lógica entre paréntesis y tomar lo paradójico y lo incomprensible como punto de partida para crear humor en cantidades.

Ingenio + capacidad de distanciamiento cognitivo = salud mental

El sentido del humor no es una emoción o un estado; es un rasgo o, si se quiere, una variable de personalidad que influye directamente sobre nuestro comportamiento, emociones y pensamientos[46]. Los efectos del buen humor y la risa sobre la salud física y mental están bastante documentados en la literatura científica y cada vez son más investigados[47]. Sólo a manera de ejemplo: la risa y el sentido del humor reducen el estrés y la ansiedad, mejoran la calidad de vida, ayudan a eliminar la depresión y permiten sobrellevar mejor una enfermedad y el dolor relacionado[48]. También activan el sistema inmunológico, mejoran el sistema cardiovascular y las relaciones sociales (especialmente la conquista y la seducción)[49]. Algunos han comparado el goce que produce la risa con el orgasmo sexual, debido a las sustancias que libera y a que el tiempo psicológico deja de existir, porque la risa nos sitúa de manera categórica en el aquí y el ahora. Sexo y carcajada: juntos son dinamita.

De otra parte, muchos terapeutas cognitivos utilizan fábulas, cuentos, parábolas e información alegre en sus consultas, buscando que el paciente logre cierto "distanciamiento" del problema y se sienta mejor[50]. Repito: en casi todos los protocolos de intervención y evaluación clínica psicológicos, el buen humor es considerado un indicador de salud mental, porque no sólo contribuye al disfrute de la vida personal y a la de nuestros semejantes, sino que nos purifica el cuerpo y la mente[51]. No digo que tengamos que ir por la vida riéndonos todo el tiempo como lo hacía el maestro Hotei, porque la mayoría de nosotros no somos iluminados, pero tampoco se trata de asumir la actitud amargada y solemne de las mentes rígidas, quienes encumbradas en un engreimiento irracional se sienten tan especiales que el humor no les hace ni cosquillas.

Para ser flexible

- Hay que tomar consciencia de que sin humor no hay salud completa y que un estilo de vida amargado enferma y disminuye la calidad de vida.
- Una mente flexible es más sana, porque aunque transita por los puntos medios no desconoce los extremos y es capaz de jugar conceptualmente con ellos sin lastimarse ni lastimar a otros.
- La gente flexible no se toma en serio a sí misma, porque sabe que esa solemnidad es prima hermana de la soberbia y el orgullo. Y allí se gesta la salud mental, en ese reducto donde pese a estar mal, poseemos la capacidad de aproximarnos a la adversidad con la mirada refrescante del buen humor (no importa su color) y con esa pizca de alegría mezclada con optimismo que nos permite volver a empezar.

¿REÍR O LLORAR?: HERÁCLITO VS. DEMÓCRITO

La vida puede ser vista como un teatro donde interpretamos distintos papeles. Podemos actuar una tragedia o una comedia. La forma de afrontar la existencia te ubica en un género o en el otro: risa o llanto, optimismo o pesimismo, satisfacción o melancolía, ilusión o desesperanza, alegría o solemnidad, informalidad o gravedad. La mayoría de nosotros fluctuamos entre un polo y otro, aunque es posible establecer una preferencia. Consideremos un ejemplo que nos llega de la historia de la filosofía, para aclarar este punto.

Un número considerable de pensadores han señalado a dos filósofos de la Antigüedad como representantes fidedignos de los extremos que señalé: Heráclito (desgarrado y llorón) y Demócrito (risueño y burlón)[52]. Montaigne[53], en *Ensayo I*, se refiere a ellos de la siguiente manera:

> "Demócrito y Heráclito fueron dos filósofos, el primero de los cuales estimando vana y ridícula la condición humana, no salía en público sino con semblante burlón y sonriente. Heráclito, sintiendo piedad y compasión de esa misma condición nuestra, tenía el semblante apenado continuamente y los ojos llenos de lágrimas" (p. 371).

Heráclito representaba el lado trágico y melancólico de la vida. Demócrito era optimista y animado (algunos dicen que juerguista), dispuesto a reír y a bromear. Heráclito era ermitaño y se aislaba lo más posible de la gente, a quien criticaba y subestimaba. Le decían el "oscuro" porque sus escritos a veces eran ininteligibles y parecían inspirados por un oráculo. Demócrito se destacaba por su hablar festivo y amigable, y una estruendosa carcajada que era famosa y también criticada entre los filósofos "serios" de la época[54]. Ambos nacieron en familias acaudaladas y crecieron en la abundancia; ambos renunciaron a la riqueza que les correspondía para buscar un destino personal; sin embargo, diferían en su modo de ser. Uno vivía en el desconsuelo y el otro en el goce. En uno se destacaban los ojos acuosos de la desesperación existencial y en el otro, el gesto agradable de la sonrisa. No pretendo quitarle méritos al genio de Heráclito, ni más faltaba, pero pienso junto con Séneca que es mejor seguir a Demócrito, si se quiere una buena calidad de vida. Mejor el buen humor, mejor reír que llorar. El culto al sufrimiento es una enfermedad psicológica y social llamada masoquismo y aunque la depresión a veces nos pueda llevar a niveles de creatividad inesperados, siempre estará acompañada de un profundo sentimiento de tristeza y de minusvalía, así el narcisismo y la vanidad intenten a veces ocultarlo.

Un fragmento de Demócrito donde se exalta el entusiasmo:

"No puede haber un buen poeta sin un enardecimiento de su espíritu y sin cierto soplo como de locura".

Un fragmento de Heráclito donde se resalta la impotencia y el vacío existencial:

"Es difícil luchar contra el ánimo de uno,
pues aquello que se desea le cuesta a uno
el alma".

Conozco infinidad de "heráclitos" que se desplazan por la vida llevando la carga de amargura y pesimismo a cuestas, obviamente sin la genialidad de aquel; y bastantes "demócritos" que, aunque no son sabios, tratan de ponerle buena cara al mal tiempo. ¿Qué es mejor? Sin duda, la luminosidad del humor, la carcajada, así sea improcedente a veces (nunca ofensiva). Si tuviéramos que definir un punto medio entre la angustia esencial de algunas mentes atormentadas y la manía alborotada de los que se han salido de cause, este sería el "buen humor". Heráclito era un extremo, Demócrito transitaba alegremente el camino del medio.

Para ser flexible

- La falsa paradoja: idiota feliz o sabio infeliz queda resuelta. Hay una tercera opción mejor: sabio feliz, así sea redundante, porque no existe sabiduría sin alegría.

- La existencia siempre nos deja un espacio para ubicarnos más cerca de un lado que del otro. Las mentes flexibles se levantan con un pie en el buen humor y otro en el realismo. Ven lo triste sin necesariamente contagiarse, reflexionan sin ínfulas y ejercen la psicología sin adoptar la pose del típico pensador ensimismado.

- Ser flexible es asumir la actitud de los "demócritos", la ironía sana y mordaz, congratularse con el "sinsentido" y la incertidumbre y aceptar el absurdo como una manifestación simpática del universo.

- Si te preocupa mucho salirte de las convenciones sociales y quieres imitar a los "heráclitos", te recuerdo que puedes ser profundo sin ser sombrío, inteligente sin ser amargado. No existe una sabiduría lúgubre, porque nadie aprende a vivir con el sesgo de la negatividad a cuestas. Las mentes rígidas confunden "saber vivir" y la "vida buena" con saber sufrir. Y eso es otra cosa; se llama autocastigo.

PERSONALIDADES ENCAPSULADAS

Las personalidades encapsuladas son víctimas de un control excesivo sobre sí mismas y de un temor a dejar salir "el otro yo" y sus emociones. La "necesidad de control emocional" es la creencia de que si no tengo bajo control todas mis emociones, deberé considerarme una persona débil, inadecuada o irracional. Los que poseen esta idea, piensan que la represión de los afectos y pensamientos es una muestra del grado de "fortaleza" de la persona, mientras que la liberación de emociones es vista como un exabrupto, un signo de estupidez o de mal gusto. Su filosofía es "no demostrar lo que siento y pienso", así me asfixie en el intento.

Judith era una mujer de mediana edad que había sido remitida a mi consulta porque presentaba un trastorno de ansiedad generalizada. Rápidamente, me di cuenta de que estaba ante una personalidad encapsulada. Cada movimiento suyo era fríamente calculado y cada palabra pensada y repensada. El recato y la formalidad que manifestaba eran tales que uno terminaba inconscientemente comportándose de manera similar, para no incomodarla. Expresaba muy pocas emociones y se sentía muy molesta si las personas eran simpáticas y afectuosas con ella, esposo e hijos incluidos. Consecuente con lo anterior, el humor o cualquier otra manifestación de alegría no tenían cabida en su vida. En cierta ocasión, recordé un apunte del gran humorista uruguayo Verdaguer

y se lo comenté con el ánimo de ver su reacción: "Los
dientes de mi mujer son como las perlas... escasos..."
Y luego esbocé una sonrisa cómplice, como diciendo,
"Buen chiste, ¿no?" Ella se quedó en silencio analizan-
do la cuestión, mientras la expectativa iba en aumento.
Yo esperaba al menos una risita, pero después de unos
segundos me dijo con preocupación: "¡Realmente ese
señor no respetaba a su esposa!"

¿Qué cosa más ridícula tener que explicarle un
chiste a alguien? Además, ¿cómo hacerlo, si el recep-
tor ha bloqueado su capacidad de procesar este tipo
de información? Sin embargo, no me di por vencido
y durante varias citas la inundé de fábulas, parábolas y
cuentos graciosos de todo tipo, pero el resultado fue el
mismo. Solamente uno de los llamados "chistes malos"
le produjo unas cuantas carcajadas:

> Una bella niña está sentada en el banco de una
> plaza leyendo un libro. Un hombre, atraído por su
> belleza, se sienta a su lado en plan de conquista y le
> dice en tono jovial: "Hola, me llamo Juan, ¿y tú?"
> Ella lo mira fijamente, esboza una sonrisa amable
> y le responde: "Yo, no", y vuelve a la lectura.

Fue la única vez que la vi reírse. Cuando la terapia
se orientó a vencer su necesidad de control y a tratar
de mejorar su expresión de afecto, desertó. Pudo más el
miedo, la conformidad y la estrategia del avestruz. Para las

personas encapsuladas y rígidas es muy difícil aflojarse y hacer un contacto pleno con ellos mismos y los demás.

¿Qué motiva a las personalidades encapsuladas? Mantenerse en sus cabales todo el tiempo y a cualquier precio, para no darse a conocer. Una virtud mal entendida, porque una cosa es la templanza y el dominio de uno mismo y otra el autocastigo o el ascetismo de evitar el placer que genera el humor a toda costa.

¿Cuál es el costo de una personalidad encapsulada? La exploración y el asombro. La autoobservación es importante, pero si se exagera y se vuelve obsesiva, pierde sus atributos positivos e inhibe la curiosidad. Nunca permitirse un desliz, jamás perder el control y negar toda expresión de sentimientos son las estrategias en las que se ampara una mente estrecha y solemne. Ser amargado, tedioso, monótono y prolijo al extremo no es un valor a imitar, más bien un defecto que hay que erradicar si se quiere vivir sana y alegremente. Una personalidad encapsulada es presa de sí misma y, por eso, no puede ser creativa y juguetona.

Quizás el formalismo sea un requisito para los que trabajan en relaciones públicas, pero incluso para ellos, un chiste oportuno relaja la comitiva y la tensión de estar todo el tiempo pendiente de qué se dice y cómo se dice. Las personalidades encapsuladas no saben romper el hielo y por eso viven congeladas. Como ya dije antes, hay un dejo de mediocridad en las mentes rígidas, que aflora muy claramente en el tema del humor. Citemos una vez más a José Ingenieros[55]:

Para ser flexible

- La mente rígida es esclava de sí misma, no puede avanzar mucho porque teme la sorpresa. El asombro las descompensa y la expresión libre de sentimientos y pensamientos les hace perder la tan amada compostura. La mente flexible posee muchos grados de libertad y elige.

- ¿Cómo sentir pasión y entusiasmo, si hacemos del hermetismo y el autodominio compulsivo un valor? ¿Cómo gozar la vida si nos es prohibido "expresar demasiado"? Conozco gente que se disculpa por reírse. ¿Habrá algo más estúpido?: "Perdón, pero estoy muy feliz y por eso me carcajeo". Otros se tapan la boca cuando se ríen, como si tuvieran problemas de dentadura.

- No creo que seas de la realeza, ni que tengas que recapitular años de abolengo en una especie de hipercontrol emocional socialmente aceptados. Si no reconoces tus sentimientos, jamás podrás hacer contacto con la alegría y su principal derivado: el buen sentido del humor.

"[Los mediocres]… tiemblan ante los que pueden jugar con las ideas y producir esa suprema gracia del espíritu que es la paradoja. La mediocridad intelectual hace al hombre solemne, modesto, incoloro y obtuso. Esas cualidades le hacen temer el asombro y eludir el peligro" (p. 59).

PERFECCIONISMO O LA ANGUSTIA DE SER FALIBLE

—¿Te gusta bailar?
—¡Me encanta!
—¿Por qué sufres entonces?
—¡Porque *debo* hacerlo bien!
—¿Y si sólo te limitaras a divertirte?
—¡No puedo, *tengo que* ser el mejor!

Las mentes rígidas e inflexibles mantienen una vida estructurada y estrictamente organizada, plagada de "deberías" (v.g. "debo, tengo qué") y buscando hacer las cosas de manera impecable. Su funcionamiento cotidiano está contaminado de grandes cantidades de perfeccionismo, impidiendo el disfrute natural[56]. La creencia de que existe una solución perfecta para las cosas y que si esa solución no se obtiene sobreviene la catástrofe, no sólo es irracional sino que, paradójicamente, incrementa la probabilidad de cometer errores, puesto que a más miedo, más bloqueo de las propias capacidades[57]. En la estructura perfeccionista no hay cabida para el humor, porque ante lo paradójico, lo ingenioso o la simple broma, las reglas y la metodología se desvanecen. Si la meta personal es no equivocarse nunca, el pensamiento lúdico será visto como el principal enemigo.

Puedes jugar para divertirte o "para ganar" y puedes tener actividades relajadas para pasarla bien o para hacerlas "muy bien". La diferencia entre un estilo y otro es evidente: en uno manda la alegría, en el otro, el deber. Por ejemplo, la incertidumbre puede producir risa (como en el caso de los budistas) o podría afectar tu sistema digestivo (como en el caso de alguien obsesionado con su éxito profesional). He visto infinidad de niños víctimas de padres perfeccionistas y rígidos cuyo patrón de enseñanza/aprendizaje se centra en la obligación de hacerlo todo estupendamente y "como debe ser". El resultado de esta presión no es la tan anhelada "excelencia", sino un incremento en los sentimientos de inseguridad y el miedo a equivocarse. Y es apenas natural: si mi única y más importante meta en la vida es funcionar a la perfección, la actividad que sea se convertirá en una tortura, aplaudida y bendecida por la cultura, pero tortura al fin.

No estoy diciendo que porque somos inherentemente falibles hagamos de la irresponsabilidad un motivo de vida y de risa. Lo que sostengo es que, dependiendo de las circunstancias, habrá momentos en que necesariamente hay que ser perfeccionistas (v.g. un cirujano plástico en plena intervención, un ministro de relaciones exteriores cuando escribe una nota diplomática debido a un incidente crítico, el piloto de un avión cuando los radares fallan) y habrá situaciones donde el perfeccionismo es un verdadero estorbo (v.g. apreciar un paisaje, hacer el amor, tener una conversación entre amigos). La premisa para no irse al extremo y hacer uso de un pensamiento flexible en el tema de la solemnidad es como sigue:

Es bueno tomar algunas cosas en serio, pero no todas. Es conveniente que mis proyectos de vida sean importantes, pero no sagrados e inamovibles. El perfeccionismo nos quita energía, nos pone tan alerta que no hay espacio para el disfrute.

Para ser flexible

- Buscar la perfección en cada acto de nuestras vidas es fomentar la angustia, porque aunque los fanáticos de la excelencia insistan, somos afortunadamente imperfectos. ¿Cómo llevar una vida alegre y despreocupada (no irresponsable) si nuestra motivación principal es no cometer errores? ¿Cómo estar relajado si pensamos que la felicidad es directamente proporcional al número de aciertos o a la velocidad de ejecución?

- La mente flexible tiene claro que no se pueden tomar todas las cosas en serio y, mucho menos, a uno mismo. Sabe que ser falible es natural y que el humor ocurre y se desarrolla precisamente al ver el lado cómico de nuestra imperfección, sin lastimar y sin burlarse. El buen humor y la risa implican sacudirse de los "deberías" y de las imposiciones irracionales. Para reírte sanamente de ti mismo, necesitas hacer a un lado la pesada solemnidad y la pedantería de sentirte perfecto, intocable o especial. Humor es modestia.

- Las mentes rígidas prefieren "hacerlo bien" a "pasarlo bien", incluso en situaciones donde

> el perfeccionismo sobra y nos impide fluir.
> ¿Harías el amor con alguien que evalúa el
> rendimiento de cada orgasmo mediante obser-
> vaciones sistemáticas y tiempos de reacción?

EL BÚNKER DEFENSIVO DE LAS MENTES SOLEMNES: LA SUBESTIMACIÓN DEL BUEN HUMOR

El humor es subversivo para una mente rígida. El búnker defensivo de las mentes solemnes y amargadas no sólo protege de la alegría, lo que de por sí ya es bastante enfermizo, sino que pretende imponer su estilo a los demás. Y eso tiene un nombre: intolerancia. Es un prejuicio más, como veremos más adelante: si no me soporto a los gordos, los negros, las mujeres, los extranjeros, los judíos, los gitanos… y a los que se ríen, no sólo soy un idiota con vena fascista; también me convierto en una amenaza para la salud mental de la sociedad, porque esta actitud, además de violencia, genera tristeza.

Señalaré algunos de los mecanismos cognitivos por medio de los cuales las mentes rígidas intentan mantener e imponer su régimen de amargura: (a) *sobregeneralizacion: "Todo es importante"*; (b) *inferencia arbitraria: "Los que ríen demasiado son frívolos"*; (c) *catalogar: "La gente espontánea es ridícula y peligrosa"*, y (d) *maximización pesimista: "Vivir es sufrir"*.

Sobregeneralizacion: "Todo es importante"

Si pienso que todo es importante, no habrá lugar para la relajación y la broma. Veré el mundo con extremada severidad y seré grave y solemne en cada una de mis apreciaciones. Las mentes rígidas se empachan con lo trascendente. Divertirse no es una falta de respeto al carácter sagrado y ceremonial de la existencia, porque la mayoría no somos monjes enclaustrados ni la versión moderna de Juana la Loca. Las mentes rígidas se equivocan cuando creen que "todo" posee un valor intrínseco intocable y solemne. Aunque no les guste, para sobrevivir se necesita el irrespeto bromista de tanto en tanto y una pizca de descaro y desfachatez que nos desubique y permita ir más allá de la rutina. No todo es fundamental, no todo es cuestión de vida y muerte. La imposibilidad de discernir cuándo preocuparse de verdad y cuándo no indica un problema de discriminación y escasa sabiduría. Por el contrario, aprender a discernir lo serio de lo jocoso y actuar en consecuencia es un claro indicador de flexibilidad mental. Revisar la significación de ciertos eventos de la vida cotidiana puede ser especialmente liberador para aquellas personas que creen que todo es de vital importancia.

Tres preguntas para evacuar el empacho por la trascendencia y la compulsión de creer que nada es negociable:

¿Qué tan importante (esencial, primordial, imperio-
so) es lo que voy a llevar a cabo?
¿Qué tan horrible (grave, peligroso, inaguantable)
sería que fracasara en alcanzar esta meta?
¿El balance costo/beneficio merece el esfuerzo?

Un señor afirmaba que sentía la presencia de
Dios en todas partes y en cada rincón del mundo que
habitaba. Más allá de su misticismo, lo que no necesariamente debe considerarse un trastorno psicológico, el
problema era que, según él, Dios le exigía que cada acto
de su vida debía ser acorde con sus mandatos. El respeto
exigido consistía básicamente en no ofender su nombre.
Cuando le pregunté qué cosas agraviaban a su Dios, me
respondió: "Por ejemplo: tener sexo, mentir, excederme
en las comidas, buscar el placer, no rezar, en fin, jamás
perder el temor a Dios". Dicho de otra forma, el temor
a Dios aseguraba su paz y salvación. La contradicción
era obvia: ¿Cómo festejar la vida, si lo que debo exaltar
en mi existencia es el miedo a Dios? Humor y miedo
son incompatibles; por el contrario, la alegría es la risa
de Dios y no su angustia.

Inferencia arbitraria: "Los que se ríen demasiado son frívolos"

En cierta ocasión, di una conferencia sobre mi libro
¿Amar o depender? Por distintas razones, la exposición
tomó, gracias a la complicidad del público, un giro hacia

el humor negro y la risa. Entre todos logramos mostrar el lado jocoso y tragicómico del enamoramiento y sus estragos. En realidad, los asistentes y yo terminamos riéndonos de nosotros mismos. Al terminar la conferencia, se me acercó un colega bastante molesto por lo que había presenciado. Su queja fue que la plática había sido muy poco profesional porque "tanta risa era sospechosa". Ese es un mito intelectual: si las conferencias son serias, lentas, inescrutables, pesadas y ceremoniosas, pensamos que lo que está diciendo el expositor debe ser muy, pero muy profundo. De acuerdo con este criterio, el Dalai Lama sería "superficial", y ni qué hablar de la mayoría de maestros espirituales y filósofos de la Antigüedad. He estado en reuniones donde algunos de los presentes se retiran porque están contando "demasiados chistes verdes". Y hay otros, más desubicados, que en plena parranda quieren debatir las condiciones políticas del país. Es evidente que hay un momento para cada cosa, pero los que han sido "picados" por el virus del humor, tarde que temprano y estén donde estén, sacarán su apunte gracioso. Prohibir la risa, el humor o cualquier expresión lúdica sólo se le puede ocurrir a una mente cerrada que se ufana de sí misma.

El estereotipo que maneja nuestra cultura es que un intelectual debe adoptar una actitud grave y circunspecta, y hacer uso de un lenguaje hermético e incomprensible. Recuerdo que en mis años de juventud asistí a una conferencia del famoso Jacques Lacan, un psicólogo psicoanalista nada fácil de comprender. A la salida, uno de los psicólogos con los que había asistido, hizo este comentario: "¡No entendí nada, pero es genial!" Yo solté la carcajada porque pensé que era un chiste, pero al ver la expresión adusta de varios de ellos, ¡me di cuenta de que la afirmación iba en serio! Su explicación sobre por qué la incomprensión de Lacan era parte de la genialidad del mismo duró hasta altas horas de la noche. Todavía no entiendo qué me dijo.

La humorofobia es la táctica que utilizan las mentes rígidas para evitar las "imprudencias" de la alegría descontrolada. Y aunque el método es represivo y poco saludable, hay que reconocer que, a veces, la risa sí es abiertamente imprudente. ¿Nunca han tenido un ataque de risa en situaciones sociales muy serias como por ejemplo un velorio, un concierto o un discurso? La risa puede dispararse en cualquier sitio porque a la mente le gusta jugar con la imaginación, así no queramos. Recuerdo que en la ceremonia de mi grado de bachillerato, cuando el rector del colegio estaba dando el discurso, de pronto, me lo imaginé haciendo el amor disfrazado de bombero y me dio un ataque de risa que casi no puedo controlar. Yo sé que se trataba de un suceso importante, pero al cabo de los años, lo que más y mejor recuerdo de esa noche no fue el diploma ni los detalles del acto protocolario, sino la escena "pornograciosa" que mi mente inventó y el esfuerzo por contener la carcajada. Hoy lo pienso y todavía me sonrío.

El pensamiento juguetón y despreocupado requiere de cierto espacio informacional para sobrevivir y desarrollarse. Una antigua narrativa zen enseña lo siguiente[58]:

Cuenta una vieja leyenda que un famoso guerrero fue de visita a la casa de un no menos conocido maestro zen. Al llegar, se presentó ante el anciano, explicándole todos los títulos que había obtenido en años de sacrificados y largos estudios.

Después de tan erudita presentación, le contó al maestro que había ido a visitarlo para que le explicara con todo detalle los secretos para poder adentrarse en el conocimiento del Zen.

Después del despliegue de tanta arrogancia, el maestro se limitó a invitar al visitante a tomar asiento y ofrecerle una taza de té.

Aparentemente distraído, sin dar muestras de mayor preocupación, el maestro comenzó a verter el té en la taza del guerrero, y continuó vertiendo té aún después de que la taza estuviera completamente llena.

Consternado, el guerrero advirtió al maestro de que la taza ya estaba llena y que el té estaba comenzando a escurrirse lentamente sobre la mesa.

El maestro le respondió con toda la tranquilidad del mundo:

—Exactamente, señor. Usted ya viene con la taza
llena, ¿cómo podría aprender algo?
Ante la expresión incrédula del guerrero, el maestro
enfatizó:
—A menos que su taza esté vacía, no podrá aprender nada.

Si la mente está llena de información y requisitos
sabihondos, no habrá lugar para el humor. Pero si el
buen humor logra colarse por algún lado, el ego y la
vanidad comienzan a tambalear. Sencillamente porque
son incompatibles: ¿acaso puede un rígido reírse de sí
mismo y seguir siendo rígido?

Catalogar: "La gente espontánea es ridícula y peligrosa"

Para las personas inflexibles, demasiada sinceridad es un
acto reprochable y de mal gusto porque la gente franca
hace y dice lo que no se quiere ver ni escuchar. Como
el cuento del rey que andaba desnudo y nadie se atrevía
a decirle que no tenía ropas. El humor y el chiste señalan descaradamente al niño que lo señala: "¡Allí va, y no
tiene ropa puesta!". Es la bella indiscreción del inocente,
libre de malicia, que incomoda y resquebraja la pres-
cripción. No digo que haya que ser irrespetuoso, sino
que la expresión franca de sentimientos, la asertividad y
la libertad emocional son imprescindibles para la salud
mental. Espontaneidad no es impulsividad descontrolada
y agresiva, sino soltura de espíritu, desenvoltura, facili-

dad de comunicación con uno mismo y con los demás, desparpajo, agilidad de ánimo. En la espontaneidad, el pensamiento se repliega para que el "yo" real haga su aparición sin tanta parafernalia.

¿Dónde queda la imprudencia? Es un riesgo y una diferencia. Los espontáneos nos confrontan; los imprudentes nos lastiman. Nadie duda de que exista una línea delgada entre ambos y que esta línea puede cruzarse fácilmente si uno se descuida; sin embargo, esto no justifica la restricción o la represión emocional. El espontáneo responsable no busca herir a nadie, nada más pone sobre la mesa su verdadera esencia.

¿Qué le impide a la gente ser espontánea? Entre otras, el *miedo al ridículo* y su concomitante *necesidad de aprobación*. Un paciente bastante rígido y normativo me comentó que él no soportaba a la gente muy extrovertida porque siempre terminaba haciendo el ridículo o siendo insensata. Por ejemplo, sentía "vergüenza ajena" cuando veía a alguien hacer payasadas en público. Su pensamiento era: "Las personas inteligentes no hacen el ridículo" Esta idea, como es natural, actuaba como un freno mental que le impedía ser espontáneo y expresar sus sentimientos con tranquilidad. Un día, en plena cita, siguiendo las propuestas del psicólogo Albert Ellis, decidí confrontar a mi paciente y crear en él una discrepancia informacional, es decir, una contradicción entre los hechos y sus pensamientos. Le pregunté si me considera-ba un terapeuta serio y eficiente, a lo cual respondió afirmativamente y agregó que se sentía muy bien con las citas. En ese momento, sin mediar palabra, me bajé del asiento y comencé a desplazarme en cuatro, como lo haría un perro. Di la vuelta a su silla, lo olfateé, y me volví a sentar como si nada hubiera pasado. El hombre se puso pálido, no sabía qué decir ni qué hacer. Esto es parte del diálogo que sostuvimos luego:

Terapeuta: ¿Qué opina?

Paciente: No sé… Estoy sorprendido… ¿Por qué hizo algo así?

Terapeuta: Usted dijo que yo le parecía una persona centrada e inteligente… ¿Sigue pensando igual?

Paciente: Sí, creo que sí…

Terapeuta: ¿Está seguro?

Paciente: Bueno, sí… Sigo pensado lo mismo de usted…

Terapeuta: ¿Pero mi comportamiento de perrito no le hizo sentir "vergüenza ajena"?

Paciente: No quiero ofenderlo, pero así es…

Terapeuta: Entonces, su afirmación "Las personas inteligentes no hacen el ridículo" acaba de enfrentarse a una excepción...

Paciente: Creo que sí, pero usted no siempre es así…

Terapeuta: Es verdad, pero a veces hago cosas por el estilo… ¿Qué pasaría si usted deliberadamente intenta hacer el ridículo? La técnica consiste en llevar a cabo ejercicios contra la vergüenza, ¿sería capaz?

Paciente: ¿Y qué lograríamos con ello?

Terapeuta: Perder el miedo, soltarse, estar menos encapsulado, adquirir más libertad emocional y volver más flexible la mente.

El paciente aceptó el reto y llevamos a cabo una cantidad considerable de actividades absurdas, grotescas y risibles, como por ejemplo: recitar en público, entrar a una tienda de carnes a comprar zapatos, aullarle a la luna delante de otras personas, predicar la venida del Mesías, y cosas por el estilo. Con el tiempo, el miedo al ridículo fue desapareciendo y su visión estricta del mundo fue haciéndose menos dura y más maleable. Psicólogos clínicos, como Víctor Frankl[59] y Albert Ellis[60] han utilizado este método, llamado *intención paradójica*, el cual consiste en que el paciente, bajo la supervisión de un terapeuta experimentado, ejecute deliberadamente comportamientos que le producen emociones negativas (especialmente vergüenza), para que pueda reevaluar y revisar las consecuencias desde una nueva perspectiva.

Maximización pesimista: "Vivir es sufrir"

Esta distorsión tiene algo de cierto. Tal como dijera Buda, la vida está impregnada de sufrimiento: indefectiblemente envejeceremos, enfermaremos y moriremos.

Sin embargo, una cosa es aceptar el sufrimiento como parte de la naturaleza humana y otra resignarnos a y/o hacer una apología del dolor. Es verdad que en ocasiones el sufrimiento puede ser un camino que nos obligue a conocernos a nosotros mismos y a crecer, pero no es el único. Exaltar la depresión como una forma de sabiduría, además de irracional, es desconocer la faceta gozosa de la vida. No hablo de evitar la realidad y regodearse en el autoengaño, sino de saber llevar la existencia personal por buen camino.

A los pesimistas de mente rígida, los envuelve un halo de amargura. El optimismo es para ellos una peligrosa enfermedad que hay que erradicar de raíz. El paquete desesperanzador está constituido por una serie de sesgos: descalificar lo positivo, magnificar lo negativo y estar preparado siempre "para lo peor". Como resulta obvio, la aplicación de este estilo preventivo hará que la vida pierda su encanto. Si el mundo es un campo de batalla y el futuro es negro, el humor será imposible de digerir.

El fatalismo mata la risa y la esperanza razonable. Insisto: no digo que debamos adoptar la sonrisa bobalicona de los que habitan el *Mundo feliz* de Huxley y negar los peligros y los inconvenientes del diario vivir (la esperanza llevada al extremo puede ser un mecanismo de escape al igual que el optimismo irracional); lo que sostengo es que el pesimista termina haciendo que sus profecías negativas se cumplan. ¿Cómo escuchar sus pronósticos catastróficos, sus interminables quejas, la sombría expresión del desaliento y no generar rechazo? ¿Cómo soportar el alud de pensamientos destructivos que los caracteriza y no dejarse influir? El pesimismo es contagioso, crea aversión e instinto de linchamiento.

Una mujer me comentaba con preocupación: "Me estoy sintiendo demasiado bien, seguro algo malo irá a pasar". Ser pesimista es ser desgraciado. Es hacerle trampa al azar, cargar los dados y jugársela por la desventura, o mejor, es el ritual del perdedor, así se disfrace de filosofía. El pesimista pierde antes de arrancar porque se vuelve víctima de su propio invento. El círculo vicioso es como sigue: como piensan que todo va a salir mal, bajan la guardia, no perseveran y se echan al abandono, entonces, al asumir una posición pasiva y entregada, no tratan de modificar el rumbo de los acontecimientos, lo que hará que el desenlace dañino ocurra inevitablemente. La profecía autorrealizada perfecta: "Como todo va a salir mal, mejor no hago nada".

Conozco personas que viven todo el tiempo a la defensiva, preparándose para lo peor. El problema de esta perspectiva trágica es que cuando la providencia les sonríe, se idiotizan y no saben qué hacer. Están listos para el invierno y no para la primavera, están aprovisionados para la guerra y no para la paz. Los valores invertidos: "Al buen tiempo, mala cara", y la percepción del mundo se hace cada vez más pequeña y sombría.

EL PODER DEL PENSAMIENTO LÚDICO

Sin el pensamiento lúdico, viviríamos atrapados en la desdicha. El humor obra como un agente de cambio de alto poder porque nos permite satirizar la vida y ver el lado tragicómico de nuestra existencia. Se opone a la solemnidad, la amargura, lo sombrío, lo sesudo, lo aburrido, lo circunspecto, lo encapsulado, lo perfeccionista, lo monótono, lo severo, es decir, a cualquier estilo de vida basado en la formalidad extrema. El pensamiento lúdico es una virtud alegre que siempre acompaña la sabiduría, mientras que el culto a la solemnidad y la amargura constriñen la actividad mental. Presentaré algunos de los factores más importantes que definen el *poder del pensamiento flexible y el buen sentido del humor.*

El pensamiento lúdico te permite:

- No tomarte tan en serio a ti mismo y ser menos engreído.
- Vivir más, potenciar tu salud y mejorar la calidad de vida.
- No caer en la amargura y la monotonía.
- Fomentar tus procesos creativos.
- Incrementar tu conducta exploratoria.
- Disminuir los "deberías" y cualquier otro imperativo que te impida vivir alegremente.

- Aprender a tomar distancia de tus problemas personales para verlos desde una nueva perspectiva.
- Ser más optimista y hacer a un lado el pesimismo crónico.
- Vencer el perfeccionismo y superar el miedo a equivocarte.
- Ser más espontáneo y darte permisos para que tu "yo" se fortalezca.
- Hacer del humor un estilo de vida, más libre y satisfactorio.
- Discriminar cuando algo es verdaderamente importante y cuando no lo es.

CAPÍTULO 4

"MÁS VALE MALO CONOCIDO"

De un pensamiento normativo a un pensamiento inconformista

La persistencia de una costumbre está ordinariamente en relación directa con lo absurdo de ella.

MARCEL PROUST

En una reconocida boutique de ropa femenina, escuché esta conversación entre una compradora y la vendedora:

> Cliente (probándose una camisa que evidentemente no era de su talla y de un color que no le favorecía): No sé, me parece que me queda muy apretada… Apenas me cierran los botones…
> Empleada: A ver, respire profundo… ¿Vio que sí puede?… Le queda preciosa…

Cliente (tratando de esconder sus "rollitos"): ¿No me veo gorda?

Empleada: ¡Se ve espectacular!

Cliente: Pero, se me notan demasiado los senos, parecería que tengo silicona…

Empleada: Dichosa usted que puede decir eso, lo que se busca hoy es resaltar los encantos (risas).

Cliente: Pero este color verde limón no se me ve bien, soy demasiado blanca.

Empleada: ¡Pero es lo que está de moda!

Cliente: ¿En serio?… No sabía…

Empleada: Los colores ácidos son lo último… Además no me quedan más blusas como estas; se han vendido todas…

Cliente: Sí, puede que tenga razón… Tal vez soy un poco conservadora en mis gustos… ¿Y se está usando así de ajustada al cuerpo?

Empleada: Absolutamente; los materiales de *lycra* son la última tendencia…

Cliente (mirándose al espejo con complacencia): Me la llevo.

¿Quién dijo que la moda no incomoda? El lavado cerebral hecho a medida. Los argumentos más demoledores de la vendedora fueron aquellos relacionados con el gusto de los demás: "Está de moda" y "Las he vendido todas". La señora salió feliz, con una blusa dos tallas por debajo de la suya y de un color que la hacía ver como una lechuga pálida. Muy posiblemente, cuando salga del estado hipnótico del proceso de compra y venta, se arrepienta y maldiga a la empleada y a la moda. ¿Por qué hay que seguir modas? Si nos vestimos como se nos da la gana, es posible que no nos dejen entrar a ciertos lugares y que algunas personas rebosantes de "buen gusto" nos critiquen, pero la ropa será una elección personal, será *nuestro* gusto. No sigas modas, ¡invéntalas! (El riesgo es que probablemente tendrás un séquito de admiradores y fanáticos que tratarán de imitarte.)

Las mentes rígidas ven en la normatividad (el apego a las normas, reglas, doctrinas, costumbres, hábitos) una fuente de seguridad y de orgullo: "Mantenerse firmes y no torcer el rumbo, pase lo que pase". ¡Pero hay tantas estupideces que repetimos sistemáticamente sin preguntarnos por qué lo hacemos! En el libro *Aplícate el cuento,* Jaume Soler y Mercé Conangla[61] reseñan un relato (*¿Reflexión o tradición?*) que reproduzco aquí con la debida autorización:

Se cuenta que en medio del patio de un cuartel militar situado junto a un pueblecito cuyo nombre no recuerdo, había un banco de madera. Era un banco sencillo, humilde y blanco.

Junto a ese banco, las veinticuatro horas del día, los soldados se alternaban en una guardia constante, tanto nocturna como diurna. Nadie sabía por qué. Pero lo cierto es que la guardia se hacía. Se hacía noche y día, durante todas las noches, todos los días, y de generación en generación, todos los oficiales trasmitían la orden y los soldados la obedecían.

Nadie dudó nunca, nadie preguntó nunca. La tradición es algo sagrado que no se cuestiona ni se ataca: se acata. Si así se había hecho siempre, por algo sería. Así se hacía, siempre se había hecho y así se haría.

Y así siguió haciéndose hasta que un día alguien, no se sabe con certeza quién, quizás un general o un coronel curioso, quiso ver la orden original. Hizo falta revolver a fondo los archivos; y después de mucho hurgar la encontró: ¡Hacia treinta y un años, dos meses y cuatro días que un oficial había mandado montar guardia junto al banco, que estaban recién pintado, para que a nadie se le ocurriera sentarse sobre la pintura fresca.

Cuando alguien rompe los moldes convencionales o cuestiona la tradición, las mentes rígidas entran en pánico y se sienten profundamente heridas, ofendidas o amenazadas: "¿Cómo te atreves a decir que la Tierra es redonda? ¿Quién crees que eres para afirmar que el Sol es el centro de la galaxia? ¿Cómo se te ocurre pensar que el hombre desciende del mono? ¿De dónde sacas que puede haber más de un Dios?" Los grandes hombres y mujeres de la historia han adoptado posturas *inconformistas*, que han generado en las personas y en grupos de fanáticos ira profunda y actitudes de repudio, persecuciones y muerte. ¡Por favor no cambien nada, prefiero el solaz de la ignorancia a la incomodidad del saber!

En cada uno de nosotros reposa un rebelde en potencia que, liberado de los lastres del conformismo, puede hacer y deshacer a su antojo. Uno de mis pacientes estudiaba abogacía porque todos los varones de su familia lo habían hecho. Un buen día resolvió romper la continuidad histórica y, llevado por su verdadera vocación, optó por estudiar veterinaria. Debido a esta decisión y luego de varias asambleas familiares, su padre lo desheredó y sus tíos y hermanos lo hicieron a un lado. Sólo las mujeres de la familia lo recibieron con el mismo afecto de siempre. En una de las citas, me dijo emocionado: "Nunca en mi vida he sido tan feliz… Estoy haciendo lo que me gusta… Ya no tengo que ir a esas reuniones aburridas, ni escuchar hablar de leyes y política a mi abuelo… Es como volver a nacer… Sé que hay un costo, pero también hay una ganancia: soy lo que quiero ser…". Muchas veces, hacer lo que se espera que hagamos nos da un sentido de seguridad; sin embargo, la experiencia nos enseña que los momentos más intensos e inquietantes de la vida ocurren cuando somos honestos con nosotros mismos y actuamos en consecuencia.

Evidentemente, la idea no es convertirse en un rebelde sin causa. En mi caso personal, soy capaz de acomodarme a infinidad de tradiciones por respeto a quienes las practican: puedo quitarme los zapatos en un templo musulmán, no levantar mi cabeza por encima de la cabeza de un emperador japonés y escuchar en silencio una misa completa, sin que eso me afecte especialmente. Pero no estoy dispuesto a acatar, sin más y solamente porque la convención lo manda, normas que puedan ser destructivas para mí, para la gente que amo o para el mundo que habito. En esos casos, intentaré siempre resistir y sentar un precedente de inconformidad.

EN DEFENSA DE LA INDIVIDUALIDAD: "SIMILARES, PERO NO IGUALES"

La gente se asusta cuando alguien hace algo que se sale del patrón tradicional. Haz la prueba de salir a la calle descalzo o intenta comer en un restaurante con las manos a ver qué pasa. Es probable que en el primer caso te miren con extrañeza y en el segundo te saquen del lugar, así utilices tus dedos con glamour y sofisticación.

El conformismo o la adecuación absoluta a los cánones sociales y culturales se llama "normatividad": *la creencia de que las normas deben ser respetadas y acatadas a lo que dé lugar, no importa su grado de irracionalidad o de desajuste con la realidad*[62]. La gente normativa o conformista no es capaz de tomar decisiones por sí misma y tiene dificultades para ensayar comportamientos nuevos que no estén autorizados por las "buenas costumbres".

En muchas ocasiones, mientras que en público decimos sí a todo, en privado despotricamos y planeamos revoluciones imaginarias[63]. Recuerdo que alguna vez escribí un artículo titulado: "Los derechos de los padres". Por la temática (pensar más en los padres que en los hijos) yo esperaba una lluvia de críticas. Pero no fue así; mi correo electrónico se llenó de mensajes que apoyaban la idea y se quejaban abiertamente del "peso de ser padres". En público, aceptamos gustosos nuestro papel de mártires educadores y en la intimidad, decimos que es una carga amorosa, pero carga al fin.

En el fondo, los sujetos inconformes desean defender su individualismo y reafirmar su identidad personal. No obstante, hay que tener claro que si estamos dispuestos a decir lo que pensamos, habrá costos: el rechazo, la culpa, perder imagen o estatus, la burla, en fin, la mayoría te recordará que no vas por el camino que deberías ir de acuerdo con las manías del lugar y la época.

En una de sus poesías (*La mala reputación*), el poeta y cantante popular francés George Brassens nos dice:

Yo sé bien que en la población
tengo mala reputación.
Haga lo que haga es igual,
todos lo consideran mal.
Pero yo jamás hice ningún daño,
sólo quiero estar fuera del rebaño.
Por qué no quiere la gente

que uno sea diferente.
Por qué causa molestia a la gente,
que uno sea diferente.

Ese debe ser mi mayor pecado,
el de no seguir al abanderado.

Y es verdad, no seguir al abanderado trae problemas. Me pregunto. ¿No será que a veces la "mala reputación", en el sentido que le da Brassens al término, es mejor que una "reputación connotada"? Jesús tuvo mala reputación, al igual que Giordiano Bruno y Galileo, lo mismo Malcom X y Mandela, ni qué hablar de Sócrates, Epicúreo y otros grandes filósofos antiguos. ¿La "mala reputación" será tan indigna como la quieren pintar?

Para ser flexible

- El costo del pensamiento inconformista es que las mentes rígidas te señalen y te sancionen por no acatar todas las reglas al pie de la letra. En la vida, te enfrentas a dos resistencias: la resistencia a la influencia social (no seguir la corriente) y la resistencia al cambio (quedarme pegado a lo viejo). Esa es la tensión natural del que quiere transformarse. Pero el pensamiento flexible lo resuelve a favor de un cambio inteligente y sopesado: "No *todas* las normas son aceptables". Por lo tanto, el cambio es una necesidad vital sin la cual entraremos inexorablemente al museo de los desechables.

- ¿Qué necesitas? (a) *Claridad conceptual* (saber por qué no vas a aceptar tal o cual cosa, sopesar pros y contras, tener claros tus principios) y, (b) *valentía* (independencia del qué dirán, ser atrevido o atrevida, defender tu individualidad sin ser egoísta).

- ¿No sientes a veces el deseo de romper con toda tradición y hacer lo que te venga en gana? Los griegos llamados cínicos, con Diógenes a la cabeza, lo hacían descaradamente. Lo curioso era que aunque producían escozor en las clases dominantes, los admiraban por ser unos sabios. ¿Sabes quiénes eran los modelos de Diógenes? ¡Un ratón y un perro! ¿Sabes quién era un admirador de Diógenes? Alejandro Magno.

- Juégatela por tus ideas. ¿Qué puedes perder? Prefiero que no me quieran por ser como soy, a que me quieran porque les doy gusto. Ser flexible en el tema de la normatividad es ser uno mismo de manera inteligente. El flexible no se acopla radicalmente, sólo lo hace hasta donde la propia esencia le permita.

EL PASADO NOS CONDENA O
EL CULTO A LA TRADICIÓN

Krishnamurti[64] decía que el "pensamiento nuevo" sólo puede alcanzarse cuando nos salimos del mundo conocido, es decir, cuando rompemos las ataduras al pasado, así sea de vez en cuando. De lo rígido y esquemático sólo surgen pequeñas variaciones sobre el mismo tema, porque lo insólito, lo distinto, no tiene cabida. Algunas personas aman la rutina y la "estabilidad"; para ellas, la sorpresa y lo inesperado son excluidos a favor de un pasado que no pasa y que les brinda una seguridad ficticia. Puede que Santayana tuviera razón cuando afirmaba: "Aquellos que no recuerdan el pasado están condenados a repetirlo". Pero también es cierto que algunos se condenan a sí mismos de tanto recordarlo. La inercia envejece, el culto a la tradición inmoviliza. Su premisa es demoledora para cualquier intento de cambio: ¿Para qué buscar y escudriñar en la vida, si ya está todo claro?

Alguien dijo una vez: "No hay nada más peligroso que una idea, cuando es la única que se tiene". Si el pasado nos guía de manera radical y absoluta, nuestras decisiones no serán otra cosa que una triste imitación. Esto no significa que debamos exaltar la amnesia como una forma de conocimiento, más bien la premisa es como sigue: debemos aprender del pasado, sin convertirlo en dogma de fe. Una tradición amable, enmarcada en un contexto de crecimiento y respeto a la memoria de los antepasados no tiene por qué ser un problema, si sirve para evolucionar como ser humano. Por ejemplo, algunas tradiciones rituales de los indios americanos les permiten alcanzar estados de conciencia que redundan en un mayor autoconocimiento Hay tradiciones que asfixian y otras que liberan. El pasado nos condena solamente si lo dejamos actuar en su faceta negativa, activando aquellos detalles destructivos que se enquistan en el cerebro como un virus. En el "aquí y ahora", el pasado y el futuro son dos expresiones vivas de lo mismo. Pero lo que más vale es el presente.

Quizás no haya un camino recto y predeterminado; quizás no haya quién nos diga exactamente por dónde debe transitar nuestra humanidad. Siguiendo con los poetas franceses, Jacques Prévert, en el libro *Palabras*, hace una bella alusión a lo anterior en la siguiente poesía:

El camino recto
A cada kilómetro
cada año
viejos muy limitados
señalan a los niños el camino
con un gesto de cemento armado.

Para ser flexible

- Tres malas influencias del pasado:
  El *arrepentimiento:* "Lo que podría haber sido y no fue".
  La *culpa:* "Lo que no debería haber hecho".
  La *ordenanza:* "Lo que debemos seguir haciendo por siempre".
- Tres respuestas: "Lo pasado pisado". "Lo hecho, hecho está". "Mi presente es el pasado de mañana, por lo tanto, si cambio hoy, cambiaré mi futuro".
- Si le rindes culto a la tradición, no podrás ver el mundo y la vida con nuevos ojos. Todo será como una misma película que se repite una y otra vez… Ser flexible es reinventar el pasado a cada instante. No digo que niegues tu historia personal ni a tus ancestros, sino que los integres racionalmente a lo que eres hoy y no a lo que fuiste ayer o a lo que deberías haber sido. El presente es la tradición de los iluminados.

EL BÚNKER DEFENSIVO DE LA NORMATIVIDAD: EL CONFORMISMO COMO ESTILO DE VIDA

Para los individuos muy conservadores, aceptar ciegamente las normas y no incomodar a nadie (personas, grupos o instituciones) es casi que un ideal de vida. Aun así, hay veces que la irracionalidad de las normas es tal, que no tenemos más remedio que actuar en defensa de nuestros derechos.

Hace unos meses, fui a pagar una cuenta por el alquiler de unas películas. Era un sábado a las diez de la mañana y cuando extraje el número que indicaba mi turno, me di cuenta que era el 117. Me impresionó la cantidad de personas que esperaban ser atendidas. Con otra señora que se sentó a mi lado comentamos que era una locura tener que esperar todo ese tiempo para pagar (no tratábamos de obtener un préstamo ni estábamos buscando empleo: ¡veníamos a pagar!). A la conversación se sumaron otros dos vecinos de asiento y el problema de la lentitud en la atención quedó clara: había solamente dos cajas habilitadas, de nueve disponibles. Al cabo de media hora, el grupo "disidente" fue haciéndose cada vez más grande y las protestas también. De un momento a otro, la señora que estaba mi lado se paró sobre la silla e invitó, con voz de político en campaña electoral, a la protesta activa. Un guardia de seguridad quiso hacerla callar, pero los gritos de los demás asustaron al hombre que se limitó a decir que él solamente cumplía órdenes.

Y así empezaron las consignas y las arengas, pidiendo la presencia del gerente que estaba adentro, "atendiendo una llamada internacional". Finalmente, entre tembloroso y enojado, ante los silbidos de los afectados, hizo su aparición el mandamás. La señora y otro hombre se hicieron voceros y *exigieron* que pusieran a funcionar las otras cajas. El gerente dio una explicación ridícula que incrementó aún más la indignación de la gente: "No es costumbre de la empresa que los sábados se habiliten más de dos cajas de pago". Alguien, con voz pausada, dijo: "Lo siento pero van a tener que cambiar esa costumbre". Los otros guardias de seguridad que ya se sentían integrantes de SWAT, se relajaron ante la respuesta del hombre: "Esperen, a ver qué se puede hacer". A los quince minutos, cuatro flamantes y activas cajeras entraron en servicio. La gente empezó a circular como el agua y hasta se escucharon aplausos de satisfacción.

No quiero sugerir con esto que debamos iniciar una insurrección armada cada vez que una norma nos perjudique; lo que sostengo es que cuando determinadas reglas son definitivamente inaceptables porque atentan contra las personas, la protesta no violenta por los derechos humanos sienta bien. Aquella mañana, en la revuelta improvisada, había todo tipo de gente y posiblemente más de un conservador. En ese momento, todos teníamos algo en común qué defender y una "política" qué tumbar.

El pensamiento normativo se alimenta y se esconde detrás de una serie de mandatos aparentemente irrevocables para justificar su conformismo y evitar la entrada de lo nuevo a escena. Señalaré cuatro de estas distorsiones que fomentan la resistencia al cambio: (a) *resignación normativa: "Nada va a cambiar"*; (b) *fatalismo conformista: "El cambio no es conveniente"*; (c) *baja autoeficacia: "No seré capaz de enfrentar lo que viene"*, y (d) *imperativo categórico: "Las normas están hechas para respetarse"*.

Resignación normativa: "Nada va a cambiar"

La resignación normativa tiene que ver con un pesimismo de línea dura frente al cambio: "Si todo va a seguir igual", ¿para qué intentar modificar lo inmodificable? Los resignados normativos no mueven un dedo ni colaboran y utilizan tácticas pasivo-agresivas para reafirmar su resistencia al cambio. Pero si el cambio que supuestamente no podía ocurrir empieza a concretarse, no saben cómo reaccionar. Algunos se retiran mutis por el foro y unos pocos, a regañadientes, aceptan que la modificación fue posible. Duela a quien le duela: las personas cambian (no todas, pero sí muchas), las organizaciones cambian (les toca o desaparecen), los gobiernos cambian (o los cambian), los gustos cambian, los amores sufren mutaciones o se agotan, el sexo se transforma (aunque algunos siguen ensayando la misma posición, a la misma hora, en el mismo lugar y luego se preguntan qué estará fallando en la relación), el paisaje se altera, la piel cambia, en fin, la vida misma es un movimiento profundamente variable. Y en esa variación constante, ella nos enseña que nada permanece igual, tal como afirmaba Buda.

Uno de mis tíos hacía la mejor *pasta e fagiolli* que podía comerse (porotos o frijoles con pasta corta). Entre otros muchos ingredientes, la receta napolitana original llevaba abundante tocino y albahaca fresca. Por distintas razones, yo empecé a utilizar tocineta (panceta) ahumada y albahaca seca. Cuando mi tío se enteró de los cambios que yo había introducido en la receta original, no le gustó para nada. Sus razones eran dos: la afrenta moral (faltarle al respeto a una de las más importantes tradiciones napolitanas) y la estrictamente culinaria (el plato perdería el gusto típico que lo caracteriza). Cualquier intento de modificar la receta original era poco menos que un atentado al pudor y una burda imitación del original: *"Non e lo steso"* (que traduce "no es lo mismo" del napolitano), me decía en tono solemne. En resumidas cuentas, la suerte estaba echada: era imposible mejorar la "perfección" lograda por años y años de disciplina gastronómica.

Un día fue a almorzar a mi casa. Recuerdo que había nieve (este es un plato con mucha calorías porque se acompaña con bastante pimienta y cebollas crudas por encima) y aproveché para servirle de contrabando mi "falsificación". Le serví una buena cantidad y le dije que no se preocupara, que estaban hechos a la vieja usanza. Se devoró dos enormes porciones y se chupó los dedos: *"¡Benísimo!"*. Sin embargo, no fui capaz de sostener la mentira y, al rato, le confesé la falta: "Tocineta ahumada y albahaca seca". Él, que era un hombre inteligente, comprendió que la evidencia no podía refutarse y entre chanza y chanza reconoció que en realidad, aunque no alcanzaban el nivel óptimo, eran "casi" iguales a los auténticos pasta e fagiolli. Con el tiempo, su visto bueno avaló la variación de la receta, la cual fue aceptada por la familia y por otros napolitanos de la comunidad.

Fatalismo conformista: "El cambio no es conveniente"

Estas personas no niegan que el cambio sea imposible. Piensan que: "Las cosas empeorarán si el cambio ocurre". Los fatalistas normativos son un estorbo para los progresistas, porque ven nubarrones donde no los hay. Expertos en detectar fracasos actúan como aves de mal agüero tratando de desmoralizar a los que sí quieren la renovación. Su estrategia preferida es el terrorismo psicológico: "¡No te muevas!", "¡No lo intentes!". "¡Cuidado!". "¿Y si el cambio es negativo?". Puro miedo al fracaso, a lo desconocido, a los imponderables.

Como vimos, todo cambio tiene costos y siempre habrá un balance ajuste/desajuste que es necesario manejar. Reacomodar los viejos elementos e incorporar a la base de datos la nueva información, sin duda, genera estrés e incomodidad. No obstante, la crisis que compaña el cambio suele traer más beneficios que contratiempos.

En cierta ocasión, le pedí a un paciente fatalista normativo que me hiciera una lista de las bondades y los inconvenientes de una nueva sistematización que iba a instalarse en la empresa donde trabajaba. La lista de los aspectos favorables solamente fueron cuatro puntos, pero la lista de lo elementos que pronosticaban los aspectos negativos del cambio ocupaban dos páginas. En ellas aparecían catástrofes anticipadas de todo tipo, incluso algunas que nada tenían que ver con la implantación del nuevo *software*. De las cuarenta y ocho predicciones negativas, sólo se cumplieron dos y se solucionaron de inmediato. Por lo demás, las consecuencias positivas fueron muchas más de las que había predicho. En realidad, el nuevo procedimiento fue un éxito total. Cuando le pedí que evaluara sus anticipaciones con respecto a los resultados reales, me respondió: "Sí, sí, es verdad, las cosas no fueron tan horribles…Debo reconocer que tuvieron *mucha suerte…"*

Esta es la postura del fatalista normativo: cuando no ganan, empatan. Si la anticipación se cumple, ponen cara de Nostradamus; pero si todo sale bien, atribuyen el éxito al azar, la suerte, el destino o la ayuda de Dios.

Baja autoeficacia: "No seré capaz de enfrentar lo que viene"

Aquí el problema es más personal. La dificultad no está tanto en el cambio en sí, sino en la incapacidad percibida para hacerle frente: "¿Seré capaz de adaptarme?". Si dudo de mi potencial, mi inteligencia y mi disposición para acoplarme a los imponderables, los cambios venideros serán vistos como una cuestión de vida o muerte y no como una oportunidad para crecer.

Lo que desconocen las personas con baja autoeficacia es que la adaptación requiere tiempo y que durante este proceso de acople es normal que cometamos errores. No existen transformaciones cómodas e indoloras; todas duelen. El cambio, así sea positivo (pasar de un estado a otro), siempre produce algún tipo de crisis: es la mente que se actualiza a sí misma.

El miedo a no ser capaz, a equivocarse y a quedar por fuera de la jugada, son los temores más incapacitantes, porque bloquean la mayoría de las funciones psicológicas e incrementan la resistencia al cambio. Al dudar de uno mismo, ya no habrá un punto de referencia confiable, la dificultad se multiplica y el "yo" entra en estado de hibernación. El sociólogo Bauman[65] sostiene que el miedo a quedarnos rezagados aparece en la actualidad cuando nos vemos enfrentados a la vertiginosa marcha de una tecnología y una posmodernidad que exige cada vez más respuestas inteligentes y adaptativas:

"Para librarnos del bochorno de quedarnos rezagados, de cargar con algo con lo que nadie más querría verse, de que nos sorprendan desprevenidos, de perder el tren del progreso en lugar de subirnos a él, debemos recordar que la naturaleza de las cosas nos pide vigilancia, no lealtad" (p. 19).

Te subes al tren o te quedas en el andén mirando cómo se aleja el futuro.

El miedo se vence enfrentándolo: "¡Bienvenida, novedad, así me asustes un poco! Eres un reto, una posibilidad que me da la vida para actualizar mis recursos. Eres una opción para rejuvenecer". ¿Que duele un poco? No importa, los beneficios superan por mayoría a las incomodidades.

Imperativo categórico: "Las normas están hechas para respetarse"

"*¡Tienes* que!". "*¡Debes* actuar, pensar o sentir así!". "¡De frente, maaaaarch…!". "Las normas están hechas para respetarse". ¿Habrá un eslogan más limitante? Pues si las normas están hechas para obedecerlas ciegamente, se acabó el mejoramiento. El progreso físico y psicológico dejaría de existir por decreto. Si la crítica se prohíbe, ¿de qué flexibilidad estamos hablando? Como vimos, dogmatismo y plasticidad son incompatibles. Las normas no están hechas para respetarse ni para irrespetarse, sino para mejorar la convivencia humana. Las que cumplen su cometido positivo y son racionales deben ser aceptadas y revisadas de tanto en tanto por las exigencias de los tiempos. Las que no cumplen su cometido y afectan negativamente el desarrollo del potencial humano deben cambiarse. Las normas son reglas que deben permitir las buenas y sanas relaciones interpersonales (sobre todo si se acepta que el "hombre es un lobo para el hombre" y el principal depredador del planeta). Pero que la norma social sea intocable y producto de la divina providencia es un despropósito.

Cuando los niños están muy pequeños, no parece ser una buena idea aplicar una especie de democracia educativa y preguntarles su opinión en todo, como por ejemplo si están de acuerdo con ir colegio o si desean una dieta basada exclusivamente en chocolates y caramelos. A medida que crecen los hijos, los padres inteligentes van abriendo la puerta de la discusión y el pluralismo, hasta que un día, las normas las ponen ellos y nosotros tratamos de negociarlas. Veamos un ejemplo de una confrontación entre una madre normativa y su hija adolescente:

—¿Por qué no puedo salir? —pregunta la hija.

—Porque ayer saliste —dice la madre.

—¿Y eso qué tiene que ver? ¿Quién dijo que no se puede salir dos días seguidos? Además, no llegué tarde ayer…

—Uno no vive sólo para divertirse.

—¿Entonces quieres que sea una amargada como tú?

—¡Hazme el favor y me respetas!

—Pero, ¿dime por qué no puedo salir? ¡Dame razones lógicas!

—¿Quieres una razón lógica? ¡Pues bien, porque yo lo digo, y punto!

Cuando se le preguntó a la señora por qué no podía salir su hija, no dio razones claras. Lo que en realidad existía era el temor de que una muchachita de dieciséis años se desbordara y quedara presa del "placer por el placer" o que simplemente se convirtiera en una rueda suelta. La norma establecida por la madre: "No saldrás dos días seguidos", no tenía un fundamento sólido ni había estado sometida a consenso. Cuando la interrogué sobre por qué "una vez sí" y "dos veces no", me respondió de manera algebraica: "Una es apenas; dos es mucho". Yo le insistí y su nueva respuesta fue: "Yo soy la mamá; aquí no hay otra lógica que la mía. Yo pongo las normas y ella las obedece. En mi época, a ninguno de mis hermanos o a mí se nos hubiera ocurrido cuestionar las reglas que establecían mis padres… Uno sabe lo que es bueno para ellos". Imperativo categórico maternal. Una tradición que intenta perpetuarse sin más sustento que una curiosa moral basada en la cantidad más que en la calidad. La hija tenía dieciséis años y no cinco; además, nunca aceptó revisar de común acuerdo la reglamentación sobre las salidas (vg. horarios, días o casos especiales). Esto trajo en la familia infinidad de problemas que perduraron por varios años. Ceguera normativa y dogmatismo sobreprotector, pero dogmatismo al fin. Algunas personas repiten inexplicablemente los mismos errores de sus padres y esa actitud irracional es una de las características principales de las mentes rígidas: no aprender de los errores del pasado.

EL PODER DEL PENSAMIENTO INCONFORMISTA

Una cultura basada en el conformismo y la adecuación obsecuente a las normas y a las costumbres está condenada al atraso. El progreso implica la ruptura de algunas viejas reglas y la aceptación de otras nuevas. Es la apertura al cambio lo que nos mueve[66]. Como ya dije antes, no me refiero al rebelde sin causa que protesta por protestar, sino a la capacidad razonada de inducir y promover transformaciones, cuando haya que hacerlas. Y habrá que hacerlas cuando el bienestar de las personas se ve afectado o cuando un sistema de funcionamiento (organizacional o social) empieza a ser obsoleto. La actitud inconformista tiene que ver con mantener vivo un espíritu de oposición sana y razonable que ve en la renovación un factor de crecimiento. El pensamiento inconformista propone una mente abierta, antidogmática y flexible, lejos de los imperativos rígidos y más cerca de un cuestionamiento inteligente. ¿Su peor enemiga? La resistencia al cambio. Presentaré algunos de los factores más importantes que definen el *poder del pensamiento flexible y la inconformidad*.

El pensamiento inconformista te permite:

- Superar la necesidad de aprobación.
- Tener más claridad sobre tus propios gustos y preferencias.

- Salvaguardar tu independencia psicológica y afectiva.
- Aprender a discriminar cuándo una norma debe ser acatada y cuándo no.
- Apelar al pasado, sin rendirle culto a la tradición.
- Disminuir la resistencia al cambio.
- Afrontar el cambio con optimismo.
- Comprender que las crisis son necesarias para que cualquier transformación se lleve a cabo.
- Vencer los temores que se oponen al cambio: miedo a cometer errores, a envejecer o a caducar, a lo desconocido, a fracasar, etc.

CAPÍTULO 5

"EL ENEMIGO ASECHA"

De un pensamiento prejuicioso
a un pensamiento imparcial/equilibrado

Prejuicio es el hijo de la ignorancia.

William Hazlitt

El prejuicio es una actitud negativa hacia determinadas personas o grupos sociales específicos, sus actividades, creencias y/o costumbres. Deriva del término latino *"praejudicium"*, que en el sentido etimológico original denotaba la acción de *prejuzgar* algo, antes de que sucediera y sin tener bases suficientes. Prejuicio y rigidez están íntimamente relacionados y se alimentan mutuamente. Por ejemplo, los investigadores han encontrado que las personas *antisemitas* (que atacan la religión, el pensamiento y las costumbres del pueblo judío) y *etnocentristas* (creer que la propia cultura es superior y está por encima de las demás) vienen de familias en las que la disciplina ha sido exageradamente rígida[67]. Las emociones negativas que acompañan al prejuicio están relacionadas con sentimientos de frustración, resentimiento, odio, ira desplazada e intolerancia, entre otras[68]. El pensamiento prejuicioso es la mezcla perfecta entre estupidez y peligro: "Te odio por algo que supongo haces o tienes, pero no estoy seguro".

Un paciente me consultó en cierta ocasión por su alto grado de agresión y hostilidad hacia los demás. Además de otros factores, pude detectar en él una cantidad enorme de prejuicios. Permanentemente, subestimaba a la gente que lo rodeaba, detestaba la empresa, el barrio, la ciudad donde vivía y peleaba con todo el mundo. La principal estrategia de intervención que se decidió fue que tuviera contacto con los de "abajo", los "malos", los "ineficientes", los de "mal gusto", los "perezosos" y los de "dudosa procedencia". Lo que se pretendía era que pudiera establecer algún tipo de nexo con los grupos y las personas excluidas por él y que a partir de esa experiencia, intentara evaluarlos desde una óptica más realista. Al principio, no fue fácil porque temía exponerse al escarnio de los supuestos "enemigos"; sin embargo, gracias a esas aproximaciones, descubrió que al no atacar a los demás, la gente era más amable con él y que al calibrar los juicios, sufría menos. Consecuente con lo anterior, mejoró su trastorno de sueño, la irritabilidad y la ansiedad anticipatoria.

Cuando decidió darle una oportunidad a la gente que no soportaba, a los grupos que subestimaba y al mundo que odiaba, el pensamiento rígido y prejuicioso se fue haciendo paulatinamente más flexible y tolerante. Obviamente, otras técnicas también ayudaron a que el paciente evolucionara favorablemente, pero lo clave, lo que en verdad produjo una trasformación sustancial en su filosofía de vida, fue la eliminación de los prejuicios.

EL PREJUICIO: UN MONSTRUO DE TRES CABEZAS

Supongamos que alguien muestra una evidente hostilidad contra los gitanos (aclaro que no tengo nada contra ellos y que sólo es un ejemplo): no los quiere, le molesta profundamente verlos o encontrárselos en la calle y que además piensa que son sucios, ladrones y vagos. También está convencido de que deberían vivir en guetos o en áreas suburbanas delimitadas por muros y alambradas. Su aprendizaje social estuvo marcado por una educación bastante xenofóbica (fobia a los extranjeros) y etnocéntrica. Las instrucciones familiares eran: "No te juntes con ellos". "Cuidado que son peligrosos". "Ellos son distintos". "Nosotros somos de otra cuna". "Ellos son muy raros". "Son paganos". "Practican magia negra", y cosas por el estilo. Con el transcurrir de los años, nuestro personaje ha creado tres estructuras mentales o esquemas interactuantes que conforman el monstruo interpersonal prejuicioso:

1. *Un estereotipo infundado:* "Los gitanos son ladrones y con poderes extraños". Una creencia irracional que no tiene más fundamento que la habladuría. Vale la pena destacar que no todos los estereotipos son simplificaciones arbitrarias; algunas generalizaciones tienen fundamento y nos sirven para agilizar la toma de decisión (v.g. los japoneses son ceremoniales, los intelectuales son buenos lectores, los introvertidos evitan la estimulación muy fuerte). El problema ocurre cuando se nos va la mano y extendemos más allá de lo razonable algunos rasgos y sobregeneralizamos (vg. los viejos son débiles, los jóvenes son irresponsables, los negros son violentos, las mujeres no saben manejar). Existe toda una tipología discriminatoria creada por la cultura que trasmitimos en los procesos educativos.

2. *Un sentimiento de miedo y hostilidad contra ellos:* "Debo estar alerta". "Los odio". "No los soporto". Este sentimiento de fastidio y antipatía está íntimamente relacionado con la creencia que define el estereotipo y no puede desligarse de él.

3. *Un comportamiento discriminatorio:* "No tienen los mismos derechos que los demás". Implica negarle a una persona o a determinado grupo un trato justo e igualitario, desconociendo los derechos humanos. En nuestro ejemplo, la persona en cuestión establecería desigualdades y diferencias en los privilegios y el trato respecto a los gitanos. Por ejemplo: "No

debemos otorgarles pases para conducir". "No se les debe permitir la entrada a determinados sitios". "Deben ser registrados permanentemente por los policías", y atropellos por el estilo.

Pues bien, nuestro cuadro ha sido completado. Las creencias sobregeneralizadas (*estereotipos*), los sentimientos (*hostilidad/ira*) y los comportamientos (*discriminación*) han confluido y se han fusionado en una actitud altamente negativa y potencialmente violenta: el *prejuicio contra los gitanos*.

Para ser flexible

- La mejor forma de atacar un prejuicio es contrastar el estereotipo (la creencia) con la realidad y acercarte a tus supuestos detractores. Te sorprenderás al ver que no todos son como te imaginas y que, por el contrario, la gran mayoría no reúne los requisitos para ser considerados enemigos. La clave: "Voy a darme la oportunidad de conocer seriamente a las personas que acuso o estigmatizo".
- Ser flexible es no dejarse llevar solamente por las impresiones o por una educación excluyente y enfermiza. Consigue la *Declaración universal*

de los derechos humanos, léela, estúdiala y trata de ponerla en práctica. Que sea uno de tus textos de cabecera.

- La mente flexible no rotula ni categoriza a las personas; siempre deja un espacio para que la información correcta pueda entrar al sistema. Pregúntate: ¿Eres libre de prejuicios? ¿Tirarías la primera piedra?

- Y si eres víctima de la discriminación por parte de otros, no te resignes; deja sentada la protesta, señala el error o la mala intención. No dejes que los rótulos que te cuelgan definan tu esencia.

ALGUNOS "ISMOS" TRISTEMENTE CÉLEBRES

1. **Racismo** (prejuicio racial): *cualquier teoría que defienda la superioridad biológica o intelectual de unas razas sobre otras.* ¿De qué se alimenta? De la xenofobia y el etnocentrismo. Además de los cuestionamientos éticos y políticos, desde el punto de vista científico, se plantean dos cuestiones básicas contra el racismo: (a) desde la óptica biológica evolucionista, no existen razas puras (así resulte molesto

molesto para algunos, tenemos el mismo origen genético), y (b) todos los datos disponibles muestran que no existen diferencias significativas entre los cocientes de inteligencia de diferentes grupos étnicos. Basta viajar por los distintos países y regiones del mundo moderno para darse cuenta de que la variedad multiétnica que ha creado la globalización cultural y el intercambio racial. Como dice el psicólogo social Myers sobre el famoso golfista Tiger Woods: "Somos nosotros, no la naturaleza, los que denominamos a Tiger Woods 'afroamericano' (su ancestro es 25 por ciento africano) o 'asiático-americano' (también es 25 por ciento tailandés y 25 por ciento chino) o incluso nativo americano u 'holandés' (tiene una octava parte de cada uno)". ¿Hasta dónde todavía nos influye la pigmentación de la piel? ¿Qué tan conscientes somos de ello? ¿La idea racial podría llegar a influir en algunas de nuestras decisiones laborales, afectivas o sociales?

2. **Sexismo** (prejuicio de género): *cualquier teoría o discurso que defienda la superioridad (v.g. biológica, intelectual, social) de un sexo sobre otro.* El feminismo ha mostrado hasta la saciedad que la discriminación femenina estaba fundamentada en prejuicios seudocientíficos y políticos. Collo y Sessi, en el *Diccionario de la tolerancia*[69], citan a un científico del siglo XIX, Paul Julius Moebius, quien escribió un tratado de psiquiatría donde sostenía, sin dudar, la teoría de la

inferioridad mental de la mujer, a la cual consideraba como: "...biológicamente deficiente, la naturaleza la quiere subordinada, sometida, esclava". Esto no fue en la Edad Media, sino hace apenas cien años, por la misma época de Freud, quien tampoco era muy amigo de las mujeres (recordemos entre muchas cosas el complejo de castración). ¿Hasta dónde todavía nos afecta el género de las personas? ¿Qué tan conscientes somos de ello? ¿La idea sexista podría llegar a influir en algunas de nuestras decisiones laborales, afectivas o sociales?

3. **Clasismo** (prejuicio de clase social): *conjunto de ideas y actitudes que defiende la superioridad de cierto grupo social sobre los demás.* Es muy común encontrarse con personas con delirios aristocráticos que sacan a relucir sus apellidos como si fueran cartas de recomendación o con personas para quienes las diferencias "geográficas" determinan el valor intrínseco de los demás. El clasista se niega rotundamente a que se establezcan relaciones estrechas entre individuos de diferentes clases sociales. ¿Hasta dónde todavía nos predispone la extracción de clase social de las personas que nos rodean? ¿Qué tan conscientes somos de ello? ¿La idea clasista podría llegar a influir en algunas de nuestras decisiones laborales, afectivas o sociales?

Para ser flexible

- ¿Qué tan libre eres de los "ismos"? Recuerda que los "ismos" relacionados con los prejuicios son distorsiones creadas por la mente humana que trata de separar en vez de integrar.

- Krishnamurti decía que la creencia divide la humanidad, y creo que tenía razón. El problema es que los "ismos" te llevan a ser injusto y poco solidario. Te inflan el ego y te dan ínfulas de superioridad que rayan en el ridículo. Lo siento: pero no eres ni más ni menos que otros por tu color de piel, por tus ideas religiosas o políticas, ni por tu género o tu clase social.

- Los "ismos" te engañan y te ubican en un sitial ficticio. Montaigne afirmaba sin recato que "no importa cuan alto sea tu trono, siempre estarás sentado sobre tu culo". Un buen recordatorio sobre nuestra doble naturaleza: animal y humana, biología y cultura entrelazadas. ¿O acaso tú no envejeces, no te enfermas y no morirás?

- La persona flexible ha eliminado de su vocabulario el racismo, el sexismo, el clasismo, o cualquier otro "ismo" que la empuje, subrepticia o abiertamente a la discriminación. El ser humano es una totalidad que no puede ser fragmentada.

LOS PREJUICIOS SUTILES E "INGENUOS"

El jurista y filósofo Norberto Bobbio decía: "Quien esté sin prejuicios que tire la primera piedra". Muchos prejuicios permanecen latentes u ocultos hasta que algún evento los saca a la superficie.

En una investigación que se llevó a cabo en la Universidad de California-Irvine[70], se le pidió a un grupo de estudiantes blancos que vieran un video de un hombre que empujaba levemente a otro durante una discusión. Cuando un hombre blanco empujaba a un negro, la gran mayoría de los estudiantes interpretaban la conducta como "no violenta" o como un "juego"; pero si el que empujaba a un blanco era un negro, los indicadores se invertían y la gran mayoría evaluaba el empujón como un acto claramente "violento". Cabe señalar que los estudiantes elegidos para el experimento social supuestamente no tenían prejuicios raciales. Estos datos han sido hallados en muchas otras investigaciones posteriores con distintos tipos de prejuicios (v.g. género, edad, sexo), mostrando que existen disparadores que sacan a flote de manera inconsciente aprensiones, recelos y escrúpulos que nuestra mente consciente no conoce o no quiere aceptar[71].

Insisto: nadie está libre. "Yo no soy clasista", me decía una paciente angustiada por su futuro yerno. "Mientras eran novios no me importaba que él trabajara en un taller mecánico, así mi hija fuera ingeniera de sistemas y viviéramos en un barrio mejor. Pero ahora que se van a casar, ya no sé… La familia no me gustó, son, cómo decirle… Un poco ordinarios… La verdad es que no me los imagino compartiendo con nuestros amigos…". Todo iba bien, hasta que el "mecánico" mostró intenciones de entrar a formar parte de su familia. No importaba que fuera una buena persona, que tratara bien a su hija y que la amara, lo que evidentemente pesaba en la señora era la "extracción de clase" de su futuro yerno. Sin embargo, en su vida cotidiana, la mujer no manifestaba posiciones clasistas, y por el contrario, se mostraba como una persona aparentemente abierta y no excluyente con la gente humilde. Aun así, cuando le tocaron el clic, el prejuicio saltó como una fiera agazapada.

Todo parece indicar que las posiciones segregacionistas extremas y descaradas de antaño han sido reemplazadas por formas más implícitas de discriminación[72,73]. Pensemos por un momento en la actitud que se asume actualmente hacia las personas obesas. Aparentemente, nadie las discrimina (así las tallas sean cada vez más pequeñas); no obstante, los estudios en la última década muestran que las personas con sobrepeso se casan con menos frecuencia, son las que ocupan los peores empleos y tienen menos dinero que la gente delgada. Además, son vistas como menos atractivas, menos inteligentes, más infelices, poco disciplinadas y poco exitosas[74]. Que haya un estigma de la obesidad ya nadie lo puede negar. Una mujer joven y bastante atractiva, que trabaja en una compañía de informática, me hizo el siguiente comentario: "En la empresa donde trabajo todos son 'lindos'… Al dueño le parece 'poco conveniente' que haya gente fea o gorda… No tengo nada contra ellos, pero la imagen de la empresa mejora si sus empleados son bien parecidos… No es una cuestión de discriminación, sino de estética, ¿me entiendes?". La afirmación no le produjo el mínimo rubor; para ella era lógico y natural que en su trabajo los "bellos" fueran los privilegiados. Anoté el nombre de la empresa y me prometí que jamás compraría un producto de esa marca. Yo sé que mi decisión no va a cambiar la condición de los prejuicios en el mundo, pero me hace sentir bien. Cada vez que compro tinta para mi impresora, pienso: "Este dinero no va para ustedes".

A veces no hay mala intención y el prejuicio toma la forma de "nosotros" versus "ellos", donde se resalta la diferencia de forma manifiesta. Esta conversación la escuché en un supermercado de un país latinoamericano, mientras hacía fila para pagar:

—¿Usted de dónde es? —pregunta la cajera a un hombre.

—Soy australiano —responde el señor.

—Sí, me había dado cuenta *de que no era de aquí,* porque es muy alto y rubio; además tiene la piel blanca, llena de pecas y se *viste raro.*

—Sí, claro… —dice el hombre mirándose a sí mismo, tratando de buscar lo "raro".

—¿Y hace cuánto vive en el país?

—Doce años.

—¡Ah, pero entonces ya es de los *nuestros!*

En menos de un minuto, la mujer, posiblemente sin mala intención, le recordó que no era de allí, que su vestimenta era extraña y que su pigmentación era distinta, pero que de todas maneras esas características eran aceptadas por el tiempo de permanencia en el país.

En ocasiones, el prejuicio que aparece en la "guerra de las diferencias" impide a las personas o a las empresas crecer en lo que hacen. Recuerdo el caso de un amigo que trabajaba en una importante fábrica de gaseosas y se prohibía a sí mismo probar otras marcas como una forma de lealtad empresarial. Para él, *ningún* refresco de la competencia estaba a la altura; más aún, cuando se le pedía que le hiciera una crítica a *su* empresa, inmediatamente señalaba las fallas de las otras. En cierta ocasión, le dije: "¿Cómo hacen para mejorar el producto si magnifican lo propio y minimizan lo ajeno? ¿No deberían ser más autocríticos?". Su respuesta fue tajante: "¡Esto no se trata de autocrítica, sino de fidelidad!" ¿Fidelidad a quién? A la empresa, a los patrocinadores, a la junta de accionista, a la estampilla o cualquier otro símbolo que identificara la agrupación financiera a la cual *pertenecía*. Como si la amistad o la adherencia a una colectividad implicara una curiosa forma de ceguera parcial. Yo pienso que debería ser similar a lo que hacemos con nuestros hijos:

los criticamos porque los queremos, no importa que sean parte nuestra.

El etnólogo italiano Vittorio Lanternari[75] relata dos antiguos mitos donde el prejuicio aparece de manera clara y explícita. El primero corresponde a los indígenas cherokee de Norteamérica, quienes cuentan que el Gran Espíritu creador del universo, queriendo crear a los humanos, fabricó tres estatuas y las puso en el horno para que se cocieran. La que se sacó muy rápido era blanca y mal cocida, de la cual procede el hombre blanco. La segunda estaba cocida a punto, de color rojizo, y de allí descienden los indígenas americanos. Y la tercera, por olvido del Gran Espíritu, se pasó de cocción y quedó negra, de la cual deriva el hombre negro. De las tres razas que fueron creadas en América, queda claro que para los cherokee la más dotada y agraciada es su estirpe indígena.

Algo similar explica el mito de los *manuches* de Europa Central, quienes cuentan por qué los gitanos tienen el privilegio de la piel morena con respecto a los demás pueblos. De manera similar al mito cherokee, Dios utilizó figuras de arcilla y le dio distintos tiempos de cocción: la que fue extraída demasiado pronto dio origen al hombre blanco; la que se dejó cocer demasiado engendró al hombre negro y cuando mantuvo el tiempo adecuado de cocido, nacieron los gitanos justos y perfectos.

Para ser flexible

- Te invito a que te observes y que trates de descubrir tus versiones ocultas hacia otros individuos o grupos. Busca y explora en tus intereses personales, trata de sacar a flote tus "miniprejuicios". Identificarlos te permitirá no lastimar a nadie y vivir en paz contigo mismo. ¡Cuestiona esas discriminaciones, confróntalas, somételas a la lógica!

- En cierta ocasión, viajé con un amigo a la selva del Chocó en Colombia, para estar unos días con los indígenas cholos. De regreso, mi amigo me hizo el siguiente comentario: "¿Te diste cuenta que ellos piensan como uno?" Y no lo decía peyorativamente. En realidad, casi siempre pensamos en los demás como "distintos". Es decir: no piensan, no sienten y no sufren igual a uno. Pero no es así; nos sorprenderían las similitudes, además de las diferencias. Por ejemplo, la muerte de un hijo, a excepción de unas pocas culturas, produce exactamente el mismo dolor para los padres.

- Ser flexible es detectar y resolver los prejuicios sutiles y entender que ellos intoxican nuestra mente profundamente.

EL BÚNKER DEFENSIVO DE LOS PREJUICIOSOS: CÓMO JUSTIFICAR EL ODIO Y LA DISCRIMINACIÓN

Un prejuicio instalado en la base de datos es como un caballo de Troya que se mimetiza con todo el fondo informacional de la persona que lo padece. Echa raíces y se aferra a las estructuras psicológicas, creando un mundo subterráneo altamente resistente al cambio. De la mano de la rigidez, el pensamiento prejuicioso organiza la forma de perpetuar los estereotipos, los sentimientos de hostilidad y la discriminación. Siguiendo los modelos recientes en terapia cognitiva, podemos identificar, al menos, cinco sesgos o distorsiones que terminan alimentado al monstruo y haciéndolo cada vez menos poderoso: (a)*inferencia arbitraria: "La apariencia te condena"*; (b) *catalogar o rotular a las personas;* (c) *polarización caprichosa: "Los otros son todos iguales";* (d) *sobregeneralizacion* y (e) *"Siempre alerta" o la paranoia del fanático.*

Inferencia arbitraria: "La apariencia te condena"
Esta distorsión implica saltar a conclusiones a partir de premisas falsas con relación a determinadas personas o grupos. Por ejemplo: "Los que se hacen tatuajes son personas poco confiables y potencialmente violentas. Mi futura nuera se hace tatuajes, entonces, debe ser una mala opción para mi hijo". Esas eran las razones que daba una de mis pacientes para rechazar terminantemente a la novia

de su hijo. Una vez, le dije: "Yo tengo amigos tatuados y son buenas personas, ¿por qué no le deja un espacio a la duda razonable?". Se quedó pensando un rato y respondió: "No sé, puede que sí, pero de todos modos son gente rara y distinta a uno, otros valores, otra manera de ver el mundo... Me dijeron que la mamá de ella también tiene tatuajes..." La cosa estaba clara para ella, hasta que supo que el hijo dejo embarazada a la "chica marcada". Eso produjo dos reacciones encontradas en la señora: una profunda angustia (como si el nieto o la nieta fueran a nacer tatuados) y a la vez una aproximación positiva a la nuera, al ver que necesitaba ayuda con el embarazo. En este caso, afortunadamente, la fuerza del intercambio pudo más que la fuerza del prejuicio. El prejuzgamiento se vio enfrentado a la evidencia de un ser humano que amaba a su hijo y que mostraba cosas más importantes y valederas que unos dibujos en los hombros y los brazos.

¿Cuál fue la distorsión? Un salto arbitrario, desproporcionado, sin sustento alguno. El silogismo que utilizó la señora estaba viciado desde el principio, porque la premisa estaba equivocada: "Los que se hacen tatuajes son personas poco confiables y potencialmente violentas". No quiso obtener pruebas para confirmar la validez del estereotipo. Lo daba por hecho y obraba en consecuencia, lo que a su vez alimentaba mentalmente aún más el prejuicio. El círculo vicioso perfecto. "¿Como sabe que ella es una mala persona?". "Porque usa tatuajes". "Y según usted, ¿por qué usa tatuajes?". "Porque es mala". Prejuicio, testarudez y una pizca de simplicidad cognitiva, la mezcla ideal para alimentar una rigidez en ascendencia.

Catalogar o rotular a las personas

¡Es tan fácil rotular y etiquetar a alguien! ¿Quién no lo hace? El problema es que las etiquetas siempre están acompañadas de un paquete informacional que va más allá de la descripción.

Tomemos la frase: "Él es conservador". Esta afirmación trae aparejada un mundo de significaciones ocultas, muchas de las cuales no son necesariamente ciertas. De manera contraria a lo que piensan muchos, las investigaciones muestran que las correlaciones entre conservadorismo y rigidez son pobres. Es decir: no todo conservador es rígido en sus actuaciones y su manera de pensar, ni cumple los requisitos para ser considerado un fanático. Muchas veces excluimos a las personas por el rótulo que le damos y al hacerlo, quitamos la posibilidad de que el prejuicio se revierta. Obviamente no estoy diciendo que debamos invitar a Drácula a las campañas de donación de sangre o a un asesino en serie al cumpleaños de nuestro pequeño hijo. Lo que sostengo es que, en más de un caso, las decisiones que tomamos con respecto a alguien no corresponden a la realidad sino a la "psicología del rumor".

Por ejemplo: "Él es sacerdote, mejor no lo invitemos al grupo de ética porque ya sabemos lo que va decir". ¿Por qué? ¿Quién dijo que todos los sacerdotes se afianzan a una ética medieval o ultrarreligiosa? Conozco algunos, muy progresistas, que harían temblar a más de un ético liberal.

En otro caso: "Él es ateo, debe ser una persona interesada sólo en cuestiones materialistas y poco trascendentes". Conozco ateos profundamente comprometidos con causas humanitarias y religiosos que venderían su alma al mejor postor si pudieran. Hace unos años, durante la época navideña, tuve una confrontación amigable con el director de un colegio, la cual reproduzco en lo sustancial, apelando a mi memoria:

— No creo que debamos invitar al señor Pedro a la fiesta de los niños pobres del barrio porque es ateo —me dijo el director.

—¿Y eso qué tiene que ver? —respondí con sorpresa—. Yo lo conozco y sé que a él le gustaría mucho asistir y colaborar.

—Sí, pero usted sabe… Esa gente no es muy dada a este tipo de actividades… Además, él manifiesta abiertamente su ateísmo.

—Bueno, al menos no es hipócrita… ¿Usted piensa que por pensar lo que piensa debe ser alguien con poca sensibilidad social?

—Pues, qué quiere que le diga… La ausencia de Dios… —me susurró en tono confesional.

—Para serle sincero, no estoy de acuerdo —objeté—. La caridad o la compasión no son patrimonio de las religiones; tampoco pienso que creer en Dios sea el único vehículo para acceder a una conducta ética.

—Quizás usted tenga razón, pero creo que no debemos mezclar cosas que no son compatibles. A esa reunión irá gente piadosa, que cree en Dios, habrá actividades religiosas y una ceremonia. Podría ser incómodo…

—Si le parece, él podría no participar en las actividades religiosas, si eso le preocupa… ¿Realmente cree que a los niños les importen mucho las creencias religiosas de las personas que les brindan amor? ¿Por qué no se da la oportunidad de conocerlo y verá que es una buena persona?

—Prefiero no invitarlo; creo que así todos estaremos mejor.

Y no lo invitó. La obstinación prejuiciosa en plena acción: no y no, negarse a revisar la actitud y no darle una oportunidad al señalado. Dogma y prejuicio van de la mano. Por eso, es tan fácil encontrar el sectarismo en ambientes dogmáticos y exclusivistas, encabezados por algún líder carismático con toques de divinidad.

La rotulación intenta "definir" a alguien sin conocerlo y sin darle la oportunidad de mostrarse como es. De esta manera, el prejuicio hace curso y se instala con toda su fuerza: "Ya está todo dicho", tu origen, tu ideología, tu sexo, tu religión, o lo que sea, te define de una vez para siempre. El prejuicio nos cuelga un cartel y nos ubica, casi siempre, en el grupo de los no deseables.

Polarización caprichosa: "Los otros son todos iguales"

El pensamiento dicotómico o polarizado atraviesa todo el trasfondo de la mente rígida. En el caso del prejuicio, eliminar la posibilidad de los puntos medios y los grises conduce a reafirmar las opiniones radicales. Si digo: "Las lesbianas lo único que quieren es sexo", fortalezco el prejuicio, porque elimino de manera radical los matices: "a veces", "en ocasiones", "algunas lesbianas". Lo "único" significa "nada más", o probabilidad cero para cualquier otra opción. Por ejemplo, si afirmo que los adolescentes "siempre" buscan el placer por el placer y me creo realmente tal afirmación, interpretaré que todas las conductas de los jóvenes están guiadas por el hedonismo y el desenfreno.

Cuando generamos un prejuicio con respecto a alguien o a un grupo, nos negamos a ver las excepciones, porque de hacerlo el prejuicio empezaría a perder fuerza. Si pienso irracionalmente que los afrodescendientes son agresivos y me reafirmo tozudamente en esa idea, reconocer que existen algunas personas negras pacíficas generaría en mi mente un caos informacional. Tendría que crear varias subrutinas, abrir nuevas carpetas, remover la información de base y revisar esquemas relacionados, para adaptarme a la nueva realidad. La existencia de individuos negros pacifistas sería la prueba viviente de que el prejuicio carece de fundamento, es decir, *que la generalización no es verdadera y que, por lo tanto, el estereotipo debe revisarse*. Pero no es tan fácil, porque los prejuiciosos tienden a resolver las contradicciones teoría-realidad con frases como: "Bueno, tú no eres o no pareces un verdadero negro, gitano, 'sudaca', musulmán, etc.".

En la película *La lista de Schindler,* muestran una manera más salvaje de "resolver" las contradicciones que ponen en riesgo la creencia prejuiciosa, en este caso antisemita. Una prisionera del campo de concentración le llama la atención al coronel de turno sobre un error que se estaba cometiendo en una construcción por parte de los alemanes. El nazi le pregunta por qué sabe tanto sobre el tema y ella responde que es ingeniera. El coronel le agradece e inmediatamente la manda matar. "No podemos dejar que ellos tengan razón, es mejor eliminar los inteligentes… Pero hagamos lo que ella sugirió…".

Confrontar un prejuicio, tal como ocurre con cualquier creencia muy arraigada, produce altísimos niveles de estrés en las personas que los poseen. En palabras del psiquiatra García de Haro[77]:

"Por ello, los cambios de creencias suelen ir precedidos de una crisis vital, porque todo se transforma, incluso la esencia de sí mismo, y la gente siente moverse bajo sus pies el mundo en el que ha creído vivir. Cuando se cambian las creencias, se muere y se renace, según la expresión religiosa" (p. 24).

Sobregeneralización

Se generaliza el hecho aislado pensando que si ocurrió una vez, seguirá ocurriendo indefectiblemente. Es el origen del cliché. Se simplifica la realidad por extensión. Por ejemplo: si llegaste tarde una vez, eres impuntual. Si una vez te vestiste mal, tienes mal gusto. Si tal o cual latino robó en un supermercado, entonces, todos los latinos son ladrones. Si conoces a un escritor con ínfulas de sabelotodo, concluyes que los escritores no pueden con su ego. Si un soviético se emborracha en un hotel, la deducción es que *todos* los rusos consumen mucho alcohol.

La generalización excesiva puede ser de comportamientos o de personas: "Mi pronóstico es que tu comportamiento se mantendrá *per secula seculórum*" o "La conducta de tu amiga separada me demuestra claramente que las divorciadas son un mal ejemplo para las mujeres casadas". Los estereotipos son productos de generalizaciones desmedidas, que se sustentan y alimentan de ellas.

"Siempre alerta" o la paranoia del fanático

Toda guerra se basa en el miedo. Si los otros son mis enemigos, deberé estar a la defensiva y en alerta roja permanente para anticiparme al ataque o a la invasión. ¿Invadir qué? Mi territorio, mis costumbres, mis símbolos, mis valores, en fin, mi estilo de vida. Si los negros son asesinos, si los homosexuales son degenerados, si no se puede confiar en la capacidad de las mujeres, si los judíos son responsables de un complot sionista, si los musulmanes representan al anticristo, si los pobres son perezosos y ladrones en potencia, si los de izquierda me van a linchar y los conservadores me van a encarcelar, si los que usan aretes y *piercing* son drogadictos, si las que usan minifaldas son putas, si los ingleses son colonialistas, los franceses impotables, los alemanes racistas y los napolitanos estafadores, si los ancianos son débiles, inútiles y estorbosos, si los que defienden el aborto son inmorales y los que no lo defienden mojigatos, si los empresarios son deshumanizados, si el ser hombre es definitivamente "un lobo para el hombre" y la especie humana es perversa, sólo para citar algunas opiniones prejuiciosas, estamos habitando el infierno o algo muy parecido. La supervivencia del más apto y la paranoia sostenida serían la mejor alternativa. La vida equivaldría a un holocausto anticipado. Esta es la "cruz" que deben soportar los que han hecho del prejuicio una forma de vida. Miedo a todo y a todos.

En cierta ocasión fui de camping con varios amigos. Cuando empezamos a armar las carpas, uno de ellos empezó a desempacar y a mostrar las cosas que había traído, a la vez que explicaba su uso e importancia para la supervivencia en lugares inhóspitos. En ese momento, vinieron a mi mente dos reminiscencias cinematográficas de vieja data: *Fin de semana trágico* (una película de unos campamenteros acosados por unos montañistas) y la clásica *Desembarco en Normadía*. Lo único que le faltó al explorador en cuestión fue llevar granadas de fabricación casera. Por orden de aparición, la dotación estaba compuesta de dos cuchillos de cacería tipo Rambo, un rifle de copas o balines, un revólver 22 corto, dos navajas suizas, tres cantimploras de guerra, traje camuflado, dos tipos de mosquiteros electrónicos, tres celulares con recarga, un radio de onda corta y un botiquín de primeros auxilios que hubiera despertado la envidia de la Cruz Roja Internacional. El hombre no se había preparado para estar *con* la naturaleza sino *contra* ella.

Las mentes rígidas impregnadas de prejuicios son bombas caseras que pueden estallar en cualquier momento y en cualquier sitio, incluso en las propias manos de su fabricante. Recordemos la maravillosa frase de Santayana: "El fanatismo consiste en redoblar el esfuerzo una vez que se ha olvidado el propósito". ¿Habrá mayor irracionalidad? ¿Una manera más ridícula de perder el norte?

EL PODER DEL PENSAMIENTO IMPARCIAL/EQUILIBRADO

Los prejuicios son distorsiones de la mente, formas inadecuadas de procesar la información donde se involucra negativamente a personas o grupos. Su consecuencia es destructiva para todos, ya que del prejuicio a la violencia manifiesta hay un paso. Su esencia es el odio, la animadversión o la aversión esencial frente a otros humanos. Por eso, los individuos imparciales y equilibrados en sus juicios tienden a nivelar el sesgo. Ver lo bueno y lo malo, lo que me gusta y lo que no me gusta, es darle una oportunidad a la mente para que reconsidere los hechos. Sólo un pensamiento ecuánime y ajustado a la realidad pondrá a temblar el búnker del fanatismo. Presentaré algunos de los factores más importantes que definen el poder del pensamiento flexible y la imparcialidad.

El pensamiento imparcial/equilibrado te permite:

- Ver las cosas como son y no distorsionar la información.
- Aprender a manejar el resentimiento.
- No caer en los "ismos" y no permitir que te etiqueten con alguno de ellos.
- No excluir las personas que son distintas a uno.
- No sentirse por encima (mirar la viga en el propio ojo).
- Comprender que las personas no son necesariamente lo que aparentan.
- No aceptar el uso de clichés para definir a nadie.
- Confiar más en la gente.
- Ser más pacífico y menos agresivo.

CAPÍTULO 6

¿PARA QUÉ PROFUNDIZAR?

De un pensamiento simplista a un pensamiento complejo

*No hay mayor pecado que el de
la estupidez.*

OSCAR WILDE

Hace poco tuve la posibilidad de conversar con un experto en neurociencias quien, en sus treinta años de práctica profesional, había realizado infinidad de investigaciones y estudios sobre el funcionamiento profundo del cerebro y su estructura interna. La plática no fue muy fluida que digamos porque, en todos los temas que tocamos, el hombre terminaba reduciendo todo al funcionamiento de las neuronas. Por ejemplo, desde su punto de vista, el arte, la guerra o el amor no era otra cosa que el resultado de conexiones bioquímicas. El siguiente extracto reproduce la parte final de nuestra entrevista, cuando yo le pregunté sobre la ética y la influencia de la cultura:

—¿No cree que la cultura sea la principal responsable de la ética o la moral?

—No habría cultura sin cerebro.

—Bueno, pero hay animales que tienen cerebro y no poseen una sociedad en el sentido amplio del término.

—El cerebro está más desarrollado en el ser humano.

—Pero estará de acuerdo conmigo en que "cerebro" y "cultura" interaccionan permanentemente, ¿o no?

—No puede haber nada sin cerebro.

—Sí claro, y tampoco sin átomos ni moléculas, pero no creo que sea correcto explicar la maravilla de la Capilla Sixtina, sólo por poner un ejemplo, como un resultado de los postulados de la física cuántica… El arte requiere de un nivel de análisis distinto… El cerebro está allí, es una condición necesaria pero no suficiente para explicar el fenómeno de la vida humana…

—Usted toca temas que no son mi especialidad. Les dejo el arte a los artistas, la psicología, si es que existe, a los psicólogos, y la economía a los políticos… Yo estudio el cerebro…

—¿Y los valores, la mente?

—Los valores son la suma de procesos químicos y la mente es un invento de los que no han entendido el funcionamiento del cerebro.

—¿Y la espiritualidad?

—Se sabe que la manía es el resultado de alteraciones neuroquímicas de fondo.

—¿No cree que restringir la espiritualidad a una enfermedad mental es exagerado?

—Lo siento pero no soy religioso, esa no es mi área…

Nuestra despedida se redujo a un lacónico: "Hasta pronto", y un consejo que me dejó con actitud paternal: "Le recomiendo acercarse al estudio de la neurociencia". Temas como el altruismo, la amistad, la felicidad, el sentido de vida y otros, eran vistos por el catedrático simplistamente como el resultado de un órgano material. No era capaz de salirse de su esquema y reconocer la existencia de otras perspectivas complementarias. Nadie niega que el cerebro cumpla un papel fundamental en la conformación del comportamiento humano, pero hay otras ciencias del hombre como la antropología, la filosofía, la sociología o la psicología, que también tienen algo importante qué decir al respecto.

Lo que quiero mostrar con este ejemplo, más allá de las cuestiones técnicas, es la actitud simplista de una persona muy experta en *un tema,* pero incapaz de completar y ampliar sus conocimientos con otras ciencias afines. Una de las dificultades de la mente rígida, como veremos a continuación, está en la incapacidad de integrar distintas perspectivas para llegar a conclusiones más totalizadoras (dejo sentado que no tengo nada contra la neurociencia y que la gran mayoría de las personas que conozco en esa área hacen uso de una inteligencia abierta y flexible).

MENTES SIMPLES VS. MENTES COMPLEJAS

Existe un dejo de mediocridad en la mentalidad rígida, así intentemos ocultarla, a veces, tras cierta erudición. José Ingenieros afirmaba que la Torre de Pisa en Italia podía generar tres actitudes posibles, dependiendo de la persona: (a) *escapar,* porque se va a caer (hombre mediocre); (b) *preguntarse* por qué no se cae y generar explicaciones probables (hombre talentoso) o (c) entrar a la torre y arrojar dos elementos de distinto peso para ver cuál cae primero (Galileo, hombre genial). La consecuencia lógica de usar anteojeras y no mirar a los lados es que los errores se incrementan y la creatividad decae sustancialmente.

Podría hacerse una analogía con la actitud que asumimos frente a un paisaje físico. Hay personas que lo miran de lejos, otros se adentran en él rápidamente y hay quienes se quedan en la periferia. Ninguno de ellos establece un "contacto íntimo" con los elementos del ambiente y, por lo tanto, no lo conocen a plenitud. De otra parte, están los individuos que deciden examinar el lugar a fondo, en muchas direcciones y sentidos: tocan, huelen, exploran e investigan el lugar una y otra vez, buscando recabar más experiencias y tratando de ampliar sus enfoques. Mientras unos se han quedado en la epidermis, en las afueras, las mentes inquietas han palpado el paisaje a fondo.

Esta actitud vivencial y comprometida la he experimentado en "mi relación" con los bosques. Siguiendo un poco la mitología céltica y en un sentido metafórico, siempre he pensado que los árboles son "mágicos". Personalmente, me producen paz; por eso, los acaricio, me recuesto a su sombra, los observo desde abajo y trato de implicarme en el movimiento de sus hojas. Cuando estoy en un bosque, "me asocio a él", me dejo llevar por la intriga que me genera y mi mayor placer es husmear en cada rincón de su territorio. En este juego de explorador/explorado han existido momentos en que la compenetración del sitio ha hecho que me sienta parte de él, no en la acepción mística del término, sino en un sentido "racional/emotivo": "Te conozco y te degusto".

La flexibilidad cognitiva nos permite acercarnos a la realidad desde múltiples perspectivas e intentar integrarlas en un todo dinámico y coherente. Si cada vez que entramos al bosque lo hacemos por el mismo lado, transitamos el mismo sendero y nunca nos aventuramos a ir más allá de lo conocido, será difícil hacernos una idea real y completa del lugar. Podremos describir los altibajos del camino con precisión matemática, pero nunca podremos apropiarnos de su verdadera riqueza. Algo similar ocurre cuando queremos comprender un tema complejo o cuando queremos resolver un problema importante: si sólo miramos en una dirección, no obtendremos respuestas adecuadas.

> *La mente flexible no se conforma con una sola aproximación; vuelve a los mismos sitios en tiempos diferentes, con intenciones renovadas y miradas desprevenidas. Como un espiral en ascenso, se renueva y crece en cada nueva incursión. El pensamiento flexible es un pensamiento totalizador.*

Revisar el material disponible, jugar con la información, combinarla, deshacerla, confrontarla y ponerla a funcionar en otros contextos es la característica principal de una mente *cognitivamente compleja*[78]. Aclaro que, aquí, el término "complejo" no debe asociarse a complicado, enredado, confuso o dificultoso, sino a la capacidad de integrar información proveniente de distintas fuentes para no quedarse en lo superficial.

¿Cómo piensa una persona simple? No avanza más allá de lo evidente. No es capaz de diferenciar e integrar la información a un mismo tiempo y comprender que puede haber más de una verdad, un camino o una solución.

Por lo general, las explicaciones son meras descripciones elementales o lugares comunes. Veamos algunos ejemplos de la vida diaria con los que me he topado.

Respuestas simplistas a preguntas complejas:
—¿Por qué la luna nos se cae, papi?
—Por qué así lo quiso Dios.
—¿Por qué la gente se muere, mamá?
—Por qué la vida no es eterna.

Una respuesta autoritaria y simplista a una pregunta razonable:

—¿Por qué tengo que hacerte caso? —replica un niño de diez años de edad a su padre, que no lo deja salir a jugar.
—*Porque el Papa es el representante de Dios en la Tierra y yo soy el representante del Papa en la casa* —explica el hombre, ante la mirada atónita del niño.

Un argumento circular simplista que suelen utilizar algunas mentes rígidas:

—Este libro es sagrado —afirma el líder espiritual.
—¿Cómo lo sabe, maestro? —pregunta el discípulo.
—Porque lo escribió el profeta.
—¿Y cómo sabe que era un profeta?
—*Porque escribió el libro sagrado.*

Dos respuestas simplistas egocéntricas:

—¡Este modelo de mercadeo definitivamente es el mejor! —dice el gerente de ventas.

—¿Cómo sabe eso? —pregunta alguien.

—¡No ha visto los resultados!

—¿Pero cómo sabe que es mejor? ¿Ha ensayado otros?

—No hace falta, este *me* gusta.

—Por qué no vas a que te lean el tarot —recomienda una señora a su amiga que está deprimida.

—No creo en eso —responde la amiga.

—Deberías ser más abierta.

—No sé, no veo cómo unas cartas pueden decidir sobre mi vida.

—Es que ellas esconden una sabiduría milenaria.

—¿Cómo sabes eso?

—Por qué a mí, *me* ha sido útil.

Hace poco, en un curso que dicté en la universidad, me referí al increíble fenómeno de los agujeros negros para mostrar la complejidad de la vida y el universo. Cuando terminé la exposición, les pregunté a dos estudiantes qué pensaban sobre lo que habían escuchado. El primero se limitó a levantar los hombros y a decir: "No sé, eso es muy extraño...". El segundo quedó evidentemente asombrado ante la idea de que algo así pudiera existir. Una semana después, llegó con unos cuantos libros sobre el tema y me dijo que había encontrado una curiosa asociación entre los mitos de un grupo indígena y la idea de que el cosmos se devorara a sí mismo. No digo que todos debamos profundizar sobre todo lo que se nos cruce en el camino, pero es claro que un buen antídoto contra la superficialidad y el simplismo es la exploración y la capacidad de maravillarse.

El pensamiento totalizador que define la flexibilidad y la complejidad cognitiva produce una serie de ventajas. Sólo a manera de ejemplo: consolida y refuerza el aprendizaje[79], ayuda a establecer relaciones interpersonales tolerantes y empáticas[80], amplía el autoconcepto y el autoconocimiento[81], fortalece las estrategias de afrontamiento en situaciones difíciles[82], disminuye la resistencia al cambio[83], mejora las estrategias de resolución de problemas[84] y aumenta la comunicación y la colaboración entre las personas[85], entre otras muchas.

Para ser flexible

- Si eres de las personas que han reducido su capacidad de percepción al mínimo, que no se sienten curiosas ni motivadas por saber y conocer más, habrás entrado al apagado mundo de las mentes simples. Te habrás conformado con una visión superficial de la vida.

No te dejes llevar por el discreto encanto de
la frivolidad.

- Hay más de un punto de vista, así quieras evi-
tarlo. Existe un mundo de opiniones para que
entres en él e investigues. Sin exploración, no
hay crecimiento, no hay fortalecimiento del "yo",
sólo una vida rutinaria y repetitiva. No pierdas
tu capacidad de asombro, de maravillarte por
el movimiento de la vida en plena ebullición.

- Si tu vida ya es predecible, si te has convertido
en alguien superficial, y si además te pavoneas
con orgullo de tu ignorancia, necesitas ayuda.
Pero si la curiosidad te pellizca de tanto en
tanto, si has decidido ir más allá de lo evidente
y acercarte a la complejidad del universo,
estarás muy cerca de una mente flexible.

- La flexibilidad implica adoptar un punto de
vista móvil y variable, e incluir las diversas
perspectivas en cada análisis. No quiero decir
con esto que debas desconocer tu núcleo duro,
porque siempre hay un reducto de convicciones y creencias que configuran tu esencia,
pero lo que persigue la mente flexible no es
que te niegues a ti mismo sino que tengas un
"núcleo central móvil" en permanente revisión
y fomentando una visión del mundo compleja
y dinámica.

LA "SIMPLEZA" NO ES "SENCILLEZ"

Cuando hablo de "simpleza" (bobería, superficialidad) no me refiero a la "sencillez" (virtud, sabiduría). El monje budista Matthieu Ricard[86] afirma: "Tener una mente sencilla, no es ser simple". Y luego agrega:

> "Al contrario, la sencillez de la mente va acompañada de lucidez. Como el agua clara que permite ver el fondo del lago, la sencillez permite ver la naturaleza de la mente detrás de los velos de los pensamientos errabundos" (p. 161).

Y en el mismo sentido, el filósofo Comte-Sponville[87] concluye:

> "La sencillez no es inconsciencia, la sencillez no es estupidez. El hombre sencillo no es un simple. La sencillez constituye más bien el antídoto de la reflexividad y de la inteligencia, porque le impide acrecentarse…" (p. 160).

Desde mi punto de vista, lo "sencillo" se diferencia de lo "simple", al menos en cuatro aspectos:

- Lo simple es insípido; lo sencillo rebosa en gusto y belleza intrínseca.

- Lo simple es la ignorancia de uno mismo sin tener conciencia de ello; la sencillez es el olvido de uno mismo luego de conocerse.
- Lo simple es pesado, torpe y disfuncional; lo sencillo es ligero, ágil y funcional.
- El simple es peligrosamente estúpido; el sencillo es maravillosamente sabio.

Cuanto más sencilla es una mente, más se ilumina, más crece. Cuanto más simple es una mente, más se cierra sobre sí misma.

Los datos muestran que cuanto mayor es el grado de simpleza mental, mayor es la tendencia al fundamentalismo, el autoritarismo y el dogmatismo[88].Y a más simpleza cognitiva, más identificación y búsqueda de ídolos o celebridades externas (menos identidad personal), lo cual explicaría la adhesión de ciertos fanatismos[89]. Podría establecerse un continuo y ubicar en un extremo las mentes *simples*, cerradas, defensivas y fundamentalistas y en el otro extremo, las mentes *complejas*, abiertas, tolerantes y críticas.

La siguiente frase del ensayista inglés William Hazlitt explica bellamente lo que intento decir:"La sencillez de carácter es el resultado natural del pensamiento profundo".

Para ser flexible

- Ya viste que para ser flexible no se necesita ser elemental y estar metido de cabeza en lugares comunes. Más bien, te invito a que conviertas los lugares comunes en oportunidades para seguir avanzando hacia la integración que el pensamiento complejo te está proponiendo.

- Por ejemplo, el sabio dice: "Lucha por lo que está bajo tu control, descarta lo que escapa a tu control" (estoicismo). Esta premisa no es simple, porque no responde a argumentos superficiales, ligeros y triviales. Más bien se desprende de la observación sistemática de cómo se relaciona el hombre con el futuro, a la virtud de "aprender a perder" y a reconocer que uno no lo puede todo (humildad).

- El "simple" no es "sencillo", porque sus premisas, sus antecedentes, sus elucubraciones surgen de un análisis insustancial, que nada tiene que ver con el pensamiento complejo.

PENSAMIENTO DIVERGENTE Y CREATIVIDAD

Para salirse del molde y romper esquemas, además de sentirse profundamente implicado en la tarea (lo que se denomina "experiencia óptima" o "fluir"[90]) y posiblemente tener una "chispa" de locura genial, el creativo también necesita un *pensamiento divergente*[91].

Mientras el pensamiento *convergente* busca establecer acuerdos basados en la razón, el pensamiento *divergente* busca jugar con las ideas y crear nuevos esquemas. Supone la capacidad de cambiar de perspectiva sin entrar en pánico y generar una buena cantidad de nociones e impresiones, siendo original y práctico a la hora de elegirlas y conectarlas. El pensamiento divergente funciona saltando de un extremo al otro, tratando de comprender los opuestos.

Uno de mis pacientes era exageradamente perfeccionista y ordenado en su vida diaria. Cualquier cosa que no estaba en su sitio le producía malestar e irritabilidad. Debido al estrés que le generaba el desorden, se le sugirió que viviera como una persona desordenada deliberadamente, así sintiera ansiedad y que además tratara de descubrir, a partir de esa experiencia extrema, posibles soluciones para la vida diaria (esta técnica se conoce como intención paradójica o el rol fijo). La idea era que esa vivencia le permitiera observar ventajas y desventajas del estilo obsesivo. Aunque al principio le fue muy difícil, al cabo de la primera semana la "alteración del hábitat" se hizo más soportable. En términos más concretos, se le sugirió lo siguiente: "A partir de esta experiencia, trate de buscar alternativas creativas que sean beneficiosas para usted y su familia. Intente elaborar acuerdos sobre el 'orden' que no sean nocivos para nadie". Después de estar hundido casi un mes en el desorden, en una extensa y polémica asamblea hogareña, donde intervinieron hijos, esposa, empleada doméstica y psicólogo, el hombre propuso una serie soluciones de las cuales muchas fueron aceptadas por el grupo. Por ejemplo: (a) que en determinados lugares "muy personales", solamente él se haría cargo de la limpieza; (b) que algunos objetos decorativos sí pudieran moverse de sitio o de posición (un sistema "decorativo rotatorio"); (c) que cuando algún tipo de desorden le molestara, en vez de la típica cantaleta, dejaría plasmada su queja por escrito en un pizarrón ubicado en la biblioteca, del cual colgaba el siguiente letrero: "Reclamos justos de un hombre obsesivo"; (d) que su hija revisara una vez por semana la limpieza general de la casa de acuerdo con el criterio de ella (antes, él pasaba revista cuatro o cinco veces al día), y (e) que el hijo fuera el encargado de controlar la gasolina del automóvil.

En fin, la experiencia de estar inmerso en un mundo anárquico y desarreglado (ubicarse *realmente* en el extremo que le preocupaba) y utilizar un pensamiento divergente (revisar exhaustivamente qué significaba realmente aquello que tanto temía), logró despertar en mi paciente un número considerable de buenas ideas que a la larga redundaron, junto con otros elementos de la terapia, en una mejor calidad de vida. El pensamiento creativo no sólo se recomienda para las grandes empresas o para algunos departamentos de publicidad o mercadeo. Podemos generar infinidad de opciones y alternativas de vida si nos salimos de lo convencional y soltamos "ideas locas".

Retomado las tres mentes antes descritas al comienzo del texto y con relación a la creatividad, podríamos señalar lo siguiente:

- Las *mentes líquidas* tienen una creatividad muy pobre, debido a que les falta el entusiasmo y la pasión de quien ama lo que hace: no hay compromiso.
- Las *mentes rígidas* están atadas a un extremo y desconocen o impugnan el otro extremo; por lo tanto, se mueven dentro de un solo esquema. Lo único que pueden lograr son variaciones sobre el mismo tema: la repetición de una perspectiva, con muy poco o ningún cambio de fondo.
- Las *mentes flexibles* utilizan dos pensamientos simultáneos: el pensamiento divergente, para producir soluciones no convenidas o más audaces, y el pensamiento convergente, para mantener los pies en la tierra y refrendar sus descubrimientos mediante la lógica o la evidencia. El análisis lógico no conduce a crear nada, pero sí a verificar si estás muy lejos de la verdad. Razón, inspiración, transpiración, locura y pensamiento complejo: la ecuación básica de la creatividad.

Para ser flexible

- Los creativos son flexibles porque utilizan el pensamiento divergente sin miedo al cambio y a la novedad. A las mentes rígidas les pasa como al bobo, que cuando le muestran la luna, se queda mirando el dedo.

- Creatividad es juego, inversión de energía e imaginación. Volar de un extremo al otro sin quedarse con ninguno de los extremos. ¿Cómo podrías usar tu imaginación si tienes prohibiciones internas? ¿Cómo ser creativo si tienes que pedir permiso a "los que saben"?

- Las mentes flexibles son creativas, además, porque son rebeldes, porque les encanta desacomodarse y desacomodar. ¿Cómo ser flexible y creativo sin ser irreverente? ¿Sin coquetearle a cierto desequilibrio que se equilibra a sí mismo, a cierto caos que se organiza sin presiones y libremente?

- Para ser creativo, hay que sacudirse de la tradición que frena y de los cerrojos mentales. Insubordinación y pensamiento divergente: ¿habrá una combinación más explosiva para una mente en crecimiento?

EL BÚNKER DEFENSIVO DE LA SIMPLICIDAD: TRIVIALIDAD E INFANTILISMO

Señalaré cuatro modos cognitivos en que las mentes simples reafirman su "insoportable levedad": (a) *saltar a conclusiones de manera ilógica;* (b) *atribuciones incompletas o infantilismo mental;* (c) *la vida en "blanco y negro",* y (d) *"Mejor cambiemos de tema"* o *"Suficiente ilustración".*

Saltar a conclusiones de manera ilógica

Como vimos, hacer inferencias de manera apresurada es una de las distorsiones típicas de las mentes simples. Veamos el caso de una señora angustiada porque su hija no iba casarse "como Dios manda":

Paciente: Se fueron a vivir juntos y no se casaron... No les va a durar mucho el amor.

Terapeuta: ¿Y por qué piensa eso?

Paciente: Porque falta el compromiso, el sacramento, ¿entiende?

Terapeuta: El compromiso es importante... Pero, cómo explica la cantidad de gente casada que se separa.

Paciente: Hay excepciones.

Terapeuta: ¿Qué ha decidido hacer entonces?

Paciente: No pienso visitarlos. Él no va a hacerla feliz, sólo está por interés. Si la amara de verdad se casaría… Nada bueno puede surgir de las cosas que están mal hechas.

Terapeuta: Por lo que sé, la que no se quiere casar es su hija…

Paciente: Esas ideas se las metió él en la cabeza. ¿Usted vio cómo es la familia? Sus padres están separados. De tal palo…

En este diálogo, queda claro que la señora anticipa el futuro fracaso de su hija debido a que, según sus creencias, la relación afectiva no está bendecida y nada que esté en pecado puede generar felicidad. Sin embargo, la señora no analiza la cuestión con detalle, no busca otras opiniones ni otros puntos de vista. No está acostumbrada a manejar la duda e ir más allá de lo que le han enseñado a creer y pensar. El pronóstico que hace de la relación de su hija es lamentable: "Ella está predestinada irremediablemente al desengaño y al sufrimiento". ¿Y todos los otros datos que demuestran que el índice de separación en las personas casadas va en vertiginoso aumento? ¿Y la gente que vive feliz y en paz sin haber contraído matrimonio? No quiere enterarse, prefiere el salto, la conclusión inevitable y rápida. Además, tiene la certeza de que su "casi yerno" está con ella sólo por interés. No hay forma de flexibilizar los pensamientos, porque hay una negación rotunda a analizar otras opciones.

En resumen, la señora utiliza dos distorsiones cognitivas o inferencias arbitrarias: *lectura del futuro* ("La relación fracasará") y *lectura de la mente* ("Él quiere aprovecharse de ella). La conclusión está dada y la decisión tomada. Nada qué hacer.

Atribuciones incompletas o infantilismo mental

Las mentes rígidas y simples parecen haberse quedado fijadas a ciertas etapas iniciales del desarrollo infantil. Concretamente, como señalan algunos autores, las personas que muestran simplicidad mental se encuentran en una etapa de desarrollo llamada *preoperacional*. Esta etapa, llamada así por el psicólogo ginebrino Jean Piaget[92,93], está caracterizada, entre otras cosas, por un pensamiento inmaduro, un razonamiento con escaso nivel de abstracción y esquemas rígidos o primitivistas[94].

¿Mentes infantiles en cuerpos adultos? Parecería que sí. Mentes que cuando están en situaciones estresantes o difíciles procesan la información como niños y recurren a explicaciones fragmentarias o superficiales sobre las causas del comportamiento. Un ejemplo típico lo encontramos en el *moralismo infantil,* que se refiere a cómo las personas evalúan lo bueno y lo malo, tanto en ellas mismas, como en los demás[95]. Veamos dos casos típicos de atribuciones incompletas: *realismo moral* y *justicia inminente.*

1. Realismo moral

La idea es que podemos calificar la maldad de una persona *exclusivamente por sus acciones*, sin tener en cuenta las intenciones que la mueven a actuar. Pero no es lo mismo atropellar con el automóvil a un peatón sin querer, que hacerlo con intención y dolo. Una moral cruda o extremadamente realista nunca tendría en cuenta los atenuantes. Si robó, es un ladrón, y punto.

En cierta ocasión presencie el robo de unas manzanas por parte de un niño de la calle. El comerciante afectado salió corriendo tras él, al igual que un policía que se sumó al "operativo de búsqueda". Los gritos alentaban a los perseguidores: "¡Agárrenlo!". "¡Agárrenlo!". "¡Ahí va!". "¡No lo dejen escapar!". No digo que tendrían que haberlo soltado, pero no es lo mismo perseguir a un niño que roba unas frutas, que a un expendedor de droga. Ambos son delitos, pero las causas son distintas. En el caso del infante y las manzanas, existen muchas variables que inducen al robo: el hambre, el abuso infantil, el abandono de los padres, no tener hogar, en fin. Cuando atraparon al muchacho, el dueño de la verdulería no podía disimular su satisfacción: "Si todos actuáramos así, se acabaría la inseguridad en este país", y muchos asintieron complacidos. Una mujer dijo con preocupación: "¡Pero si es sólo un niño!". "Mejor", replicó el damnificado: "Es más fácil agarrarlos ahora que cuando crezcan".

La conclusión moral de los "vigilantes" quedó clara: *hay gente que es inherentemente mala y que sus delitos no tienen ninguna otra explicación que esa maldad que traen lista de fábrica.* No había atenuantes ni moderadores. El código moral de una mente rígida simplista: "Si en alguna ocasión te comportas mal, eres malo".

2. Justicia inminente

"Si piensas mal, eres malo". No se necesitan argumentos ni análisis de ningún tipo: "Si comprobamos que piensas mal, serás considerado culpable de inmediato". Mientras que en el realismo moral recién explicado "Eres lo que haces", en la justicia inminente "Eres lo que piensas". Si fuera cierto que los malos pensamientos sólo le suceden a la gente mala, nadie pasaría el examen. Éticamente hablando, todos seríamos inmorales.

Una vez me trajeron a la consulta un niño de diez años porque tenía "malos pensamientos". En realidad lo que el infante presentaba era un trastorno obsesivo compulsivo. Le venían a la cabeza pensamientos intrusivos contra Dios (básicamente insultos) y la culpa no lo dejaba en paz. Para aliviarse y sobrellevar la falta, el niño había desarrollado un ritual que consistía en levantar las manos hacia el cielo y pensar en su abuela difunta sentada en una silla mecedora en una habitación de la casa de campo. Entonces, cada vez que no podía contenerse y mentalmente insultaba Dios, de inmediato recurría a la imagen de su abuelita para "limpiar" lo que había hecho. Después de unas citas, se les dijo a los padres qué tipo de alteración presentaba el niño y el posible tratamiento.

Una vez escucharon el diagnóstico, el padre del niño manifestó una preocupación "moral":"No sé por qué es así… Acepto que es una enfermedad, pero no pensé que fuera contra Dios ni que él tuviera esa tendencia… Es como si tuviera el diablo adentro…".Las inquietudes del padre y de la madre eran congruentes con sus creencias: "El que insulta a Dios está contra Dios…Y los que están contra Dios son los satánicos o son ateos… Por lo tanto, es probable que mi hijo sea una semilla de maldad".

Este pensamiento rígido y simplista les impedía tener en cuenta las otras causas posibles del supuesto "mal encarnado". De todas maneras, ya había catalogado a su hijo como un "enfermo moral" y también lo había enjuiciado, porque según me confesó luego, ya no lo amaba tanto. Ese era el castigo: "Si piensas mal, eres malo". En el tratamiento se incluyó activamente la presencia de los padres, quienes tuvieron que flexibilizar, revisar y actualizar sus creencias religiosas con la ayuda de un pastor.

Una vez más: *las atribuciones incompletas se refieren a una distorsión del pensamiento que lleva a conclusiones simplistas e incompletas porque en el estudio de las causas de un evento no se considera toda la información disponible.*

La vida en "blanco" y "negro"

Es considerar las cosas en categorías absolutas o en blanco y negro. Es más "económico" y menos complejo para una mente simple decir "sí" o "no". Como hemos visto, el "todo" o "nada" adopta diferentes formas en la mentalidad rígida. Aquí, el pensamiento dicotómico está al servicio de la simplificación o de evitar ampliar y revisar las posturas asumidas.

Para una mente que busca afanosamente la certeza, los puntos medios son fuente de estrés. Entre otras cosas, porque los "grises" requieren muchas veces de un cálculo de probabilidades que el estilo rígido rechaza tozudamente. Por ejemplo, afirmar que "Todas las personas de derecha son autoritarias y fundamentalistas" es un claro error cognitivo, ya que no sólo las investigaciones muestran que no es así, sino que la experiencia cotidiana no la avala: *hay personas de derecha que no son autoritarias y dogmáticas.* Por lo tanto, deberíamos cambiar la palabra "todas" por "algunas", flexibilizar la afirmación y hacerla menos categórica. Con todo, es posible que el ajuste no sea del agrado de un político de izquierda obstinado, porque implicaría aceptar que no toda persona de derecha es fascista.

Lo mismo ocurriría con la afirmación: "Todas las personas de izquierda son autoritarias y fundamentalistas". Un político de ultraderecha no aceptaría cambiar "todas" por "algunas", porque implicaría aceptar que existen personas de izquierda con un pensamiento democrático. Pero es evidente que *hay personas de izquierda que no son autoritarias y fundamentalistas.* En política, la rigidez afecta tanto a los de derecha como a los de izquierda. Las mentes totalitarias se hallan tanto en un bando como en el otro.

Veamos dos ejemplos de dicotomía simplista:

—La gente que fuma marihuana es drogadicta.
—No estoy de acuerdo; hay consumidores sociales que no crean dependencia.
—No es así; todas las personas que consumen marihuana son drogodependientes.

Pero no es así. No todas las personas que consumen marihuana cumplen los criterios de adicción. Si lo hacen en forma ocasional, no sufren del síndrome de abstinencia (entrar en crisis cuando no se consume) y no son compulsivas en el uso, están por fuera de los parámetros del diagnóstico de drogodependencia internacionalmente aceptados. Con esto no estoy invitando a sembrar matas de marihuana en el balcón de la casa. Lo que estoy señalando es una *excepción a la regla* y reemplazando "todas" por "algunas". Obviamente, es menos trabajo para la mente simple quedarse con la generalización que con la salvedad.

—No quiero aceptar responsabilidades, me siento inseguro.
—¿Por qué? Yo he visto que haces las cosas bien.
—No, no, yo *siempre* me equivoco… *Nunca* dejaré de ser mediocre.

La simplicidad también puede estar dirigida a uno mismo. A veces, no queremos profundizar ni ver cómo es en realidad nuestro comportamiento. Es más fácil y menos arduo utilizar el "siempre" y el "nunca". La última afirmación del diálogo anterior es errónea porque es obvio que *habrá veces* en que no me equivoco y es muy probable que *algún día* dejaré de ser mediocre, si es que lo soy. Es decir: ni *siempre* ni *nunca*.

"Mejor cambiemos de tema" o "Suficiente ilustración"

Evitar el tema les sirve a las mentes simples para no seguir ahondando en algo que no les gusta o no les conviene. Cuando ven que sus argumentos empiezan a ser insuficientes, deciden evitar la discusión por puro miedo a la contradicción.

En una reunión, presencié el siguiente intercambio de palabras. Con relación a los comentarios de un periódico, una señora esgrimió: "El sida es un castigo de Dios… No más homosexuales ni prostitutas ni promiscuidad… Dios sabe cómo hace sus cosas". La hija de un amigo preguntó: "¿Pero no es que Dios ama a todos sus hijos?". La mujer insistió: "Sí, pero dudo que estos sean sus hijos…". El dueño de la casa intervino: "¿Tú sabes qué tipo de personas están siendo infectadas? ¿Te das cuenta de que hay niños, amas de casa, hemofílicos, o simplemente gente no promiscua que ha contraído la enfermedad?". La polémica estaba planteada. Sin embargo, la mujer se limitó a decir: "Sólo fue un comentario sin importancia… No vale la pena, cambiemos de tema…". Como dice el precepto:"Tirar la mano y esconder la piedra". Quizás, en su grupo de referencia, sea común festejar la idea de un holocausto por contagio donde murieran disolutos y lujuriosos, pero esa noche estaba en el lugar equivocado y prefirió adoptar una actitud simplista y evitar la discusión: "Mejor cambiemos de tema".

En otro caso, una madre se negaba a hablar con su hija de doce años sobre sexo porque pensaba que podía crear en la niña "necesidades" que aún no tenía. Cuando le pregunté de donde sacaba esa idea, me respondió:"Eso está más que comprobado… La sexualidad no es un juego de niños…". Entonces volví a preguntar:"¿Tiene alguna revista, algún dato que pueda facilitarme o la fuente de esas comprobaciones? Me parecería interesante leerlas…".A lo cual replicó con firmeza:"¡Pero si eso es de sentido común!".

Es decir: una decisión tan importante para ella, como era la educación sexual de su hija, la dejaba librada a un rumor, en vez de investigar el tema seriamente. Se podría pensar que la mujer no quería acercarse a otro tipo de información porque temía que la hicieran cambiar de parecer, pero no. Con el correr de las citas, me di cuenta de que estaba realmente a gusto con la teoría que había montado junto con unas amigas:"Suficiente ilustración". Lo que sé, me basta y sobra, así esté en un error.

EL PODER DEL PENSAMIENTO COMPLEJO

Las personas que hacen uso de un pensamiento complejo son investigadores de la vida. Aproximarse a la verdad desde diversas perspectivas e integrarlas en un todo dinámico es la meta de una mente flexible. Existe una actitud saludable en el pensamiento complejo que los lleva a esculcar en el conocimiento disponible, un ir y venir en tiempos diferentes sobre la misma información para sacarle el mayor provecho posible. Una mente compleja no se conforma con lo aparente. Presentaré algunos de los factores más importantes que definen *el poder del pensamiento flexible y la complejidad cognitiva.*

El pensamiento complejo te permite:

- Totalizar la información y ampliar tu perspectiva.
- Profundizar las temáticas y enriquecer tu mente para tomar las mejores decisiones.
- Ser más lúcido y aproximarte a la sabiduría a través de la virtud de la sencillez.
- Cultivar la autoobservación, no sólo para conocerte a ti mismo, sino para involucrarte en el ambiente que te rodea.
- Acercarte a otros puntos de vista para descubrir qué tienes en común y qué te diferencia de ellos.
- No perder tu capacidad de asombro ante lo desconocido.

- Afrontar la controversia y no subestimar el valor de otros argumentos simplemente porque no están de acuerdo contigo.
- Ser más creativo y desarrollar tu inventiva.

CAPÍTULO 7

"YO MANDO AQUÍ Y EN TODAS PARTES"

De un pensamiento autoritario a un pensamiento pluralista

No trates de imponer la autoridad donde
sólo se trata de la razón.

VOLTAIRE

¿Quién dijo que toda autoridad es buena y respetable? La autoridad en manos de un delirante termina convirtiéndose en una secta y en manos de un estúpido, en vientos de guerra. El arte de ejercer el poder democráticamente es un don que no todos ostentan. ¿Quién no ha sentido alguna vez el impulso de decirle al jefe de turno que no es merecedor del mando o del poder que ostenta? Creo que nadie está en contra de una autoridad sana o del buen dirigente que organiza eficiente y humanamente los recursos disponibles; el poder es para usarlo bien.

Un niña de seis años que asistía a un jardín de infantes posmoderno, manejado por profesoras posmodernas, con un criterio educativo posmoderno, durante una consulta le reclamaba a su madre en tono airado: "¡Tú no eres igual a las otras mamás! ¡Tú no sabes mandar!". Al escuchar esto, la señora me miró pidiendo ayuda. De inmediato, corrí en su auxilio: "Intentemos educar a su hija con algo más de autoridad y disciplina, ¿le parece?". Mientras tanto, la niña asentía con la cabeza y esbozaba una sonrisa de oreja a oreja. A veces, no ejercer el poder cuando se dispone de él es tan contraproducente como abusar del mismo.

Fromm[96] hacia una diferenciación interesante entre autoridad racional (legítima, genuina) y autoridad irracional (autoritarismo). Respecto de la primera decía:

> "La autoridad racional no solamente permite sino que requiere de constantes escrutinios y críticas por parte de los individuos a ella sujetos; es siempre de carácter temporal y la aceptación depende de su funcionamiento" (p. 21).

Sobre el despotismo de la autoridad irracional, afirmaba:

> "Tal sistema no se basa en la razón y en la sabiduría, sino en el temor a la autoridad y en el sentimiento de debilidad y dependencia del sujeto" (p. 22).

Un buen ejemplo de autoridad racional lo encontramos en la película *La sociedad de los poetas muertos,* donde los alumnos respetaban y admiraban al maestro por su manera de ser. Los mejores líderes no hablan tanto; impacta más la congruencia o la coherencia de sus actos que el discurso. Recordemos una de las máximas de François de La Rochefoucauld[97]:

> "Es característico de los grandes ingenios dejar entender muchas cosas con pocas palabras; las mentes estrechas, al contrario, tienen el don de hablar demasiado sin decir nada" (p. 77).

Entre el silencio autista del indiferente y la verborrea del orador compulsivo que ansía buscar adeptos hay un punto medio saludable: hablar lo necesario y en decibeles moderados. Cuentan que después de pronunciar un encendido discurso en un mitin político, un discípulo le preguntó a un maestro espiritual, cómo le había parecido el discurso. El maestro respondió: "Si lo que ha dicho el expositor es verdad, ¿qué necesidad tenía de gritar tanto?".

EL DISCRETO ENCANTO DEL AUTORITARISMO

No es fácil aceptar y funcionar adecuadamente bajo la directiva de una persona autoritaria, porque el miedo y la rabia van echando raíces: el primero inmoviliza y el segundo produce indignación.

Recuerdo que cuando estudiaba ingeniería, para pagarme los estudios, trabajaba de dibujante proyectista de ascensores. Mi jefe era un hombre exigente y autoritario y sus normas extremadamente rígidas: no podíamos dejarnos el pelo largo o tenerlo caído sobre la frente; los zapatos tenían que coincidir con el color de cinturón; pasaba revista para ver si los delantales tenían alguna mancha de tinta y nos turnaba para limpiar la oficina. A mí me tocaba los jueves: había que barrer, lavar pisos y paredes, desempolvar los tableros de dibujo y hacer el café, entre otras tareas. Pero lo más insoportable era la ironía y la manera humillante de mostrar su desagrado. Cuando un trabajo no le gustaba, simplemente rasgaba la hoja, hacía un bollo con el papel y lo tiraba a la basura. Después nos decía entre sarcástico y furioso: "¡Míreme, míreme a los ojos, inútil! ¿Usted piensa que soy estúpido, o qué? ¡O lo hace bien o se larga!". Lo perverso era que no nos decía qué hacíamos mal. Así que cuando iniciábamos un nuevo plano, la incertidumbre nos producía verdaderos ataques de ansiedad. Además, en este régimen fascista, no podía existir la más mínima conversación, murmullo o comentario. Había que levantar la mano para todo, mientras él se paseaba entre los tableros como un verdugo hambriento. Todo esto era soportado por unos treinta dibujantes que necesitábamos el trabajo y que nos moríamos del terror.

Un día, ya hartos del maltrato y animándonos unos a otros, decidimos protestar. Entonces, luego de la hora del almuerzo, decidimos no entrar a nuestro lugar de trabajo y acordamos quedarnos en la parte de abajo de la fábrica, ante la mirada sorprendida y solidaria de la mayoría de los obreros. Cuando el jefe se enteró de nuestro acto de rebeldía, se puso energúmeno y bajó acompañado por algunas personas de seguridad. Nos gritó, nos amenazó e incluso empujó a unos cuantos, pero entre temblor y temblor, resistimos valientemente la provocación. Nunca me olvidaré de la expresión de furia e impotencia de aquel hombre. La indignación era tal, que se le hinchaban las venas de la frente y los labios se le ponían morados. Parecía un toro furioso dispuesto a atacarnos. Pero nosotros, animados no sé por qué cosa, seguíamos firmes en nuestra consigna: "¡Queremos hablar con el gerente general!". Así, entre tires y aflojes, nos recibieron los altos mandos e hicimos la catarsis con lujo de detalles. Al oír el relato, el gerente principal nos pidió que le diéramos otra oportunidad al "pequeño Mussolini" (así lo llamábamos a sus espaldas), pero la mayoría no quería saber nada. Uno de mis compañeros se animó a decir lo esencial: "Ya no le creemos… No lo respetamos como jefe, necesitamos alguien que nos trate bien y a quien no le tengamos miedo".

Y es verdad, cuando hay agresión y violencia, la historia no se borra de un plumazo. Luego de deliberar unos minutos, las directivas llegaron a la conclusión de que apoyaban irrestrictamente al jefe y nos mandaron a decir que los que no estábamos de acuerdo podíamos presentar la renuncia, cosa que hicimos unos cuantos. No quiero imaginarme las consecuencias para los que no pudieron o no quisieron retirarse.

Ahora, al cabo de los años, me reafirmo en aquella juvenil intuición: *le obedecíamos por miedo y no por convicción*. El don de mando no nace de la dominación y la subyugación, es un arte o una virtud que permite la comunicación entre las personas. Así como no podemos obligar el amor o a que la gente piense de cierta manera, no puede existir una buena autoridad si no hay admiración o respeto por las cualidades de quien dirige.

Autoritarismo y rigidez mental van de la mano[98]. Sólo a manera de ejemplo: las personas autoritarias muestran más prejuicios[99], generan pocas habilidades de afrontamiento[100], son marcadamente etnocentristas, antidemocráticas y fundamentalistas[101,102]. Una verdadera amenaza pública, así la cultura trate de disimular la cosa y se resigne a ellas. Algunos autores sostienen que la educación de una mente autoritaria puede terminar en una personalidad sádico/agresiva, la cual está caracterizada por asperezas en las relaciones interpersonales, dogmatismo, intolerancia, alta motivación por el poder y hostilidad indiscriminada y permanente . La legión de supermonstruos en un solo personaje.

Para ser flexible

- Queda claro que la "personalidad autoritaria" es una enfermedad psicológica o una calamidad social.
- El verdadero líder no se impone. Si te gusta mandar, hazlo con decoro, busca amigos y no prisioneros. No subestimes a las personas; ellas nunca te aceptarán si violas sus derechos. El autoritario produce miedo, rechazo, huida, ira, agresión y no atracción. No te confundas: a un autoritario no lo aman ni siquiera los esclavos.
- Ser flexible es comprender que el buen ejercicio del poder es una virtud que nace de la aceptación del otro como ser humano. Además, hoy mandas tú, mañana será otra persona. ¿Te gustaría quedar bajo las órdenes de un autoritario?

EL TIRANO QUE LLEVAMOS DENTRO

La premisa es como sigue: *Si acorralas a un dogmático, se volverá autoritario.* O dicho de otra forma: una persona rígida, cuando se siente presionada, sacará a relucir el tirano que lleva adentro[104,105].

Hace unos años, en una prestigiosa universidad privada, hubo un incidente crítico entre un grupo de estudiantes que asistían a una carrera técnica. Yo fui invitado por el vicerrector al comité disciplinario para analizar los hechos y aportar el punto de vista psicológico. El problema fue el siguiente. En la cafetería de la universidad, a una hora pico, uno de los estudiantes (al cual llamaré Juan) agredió físicamente a dos de sus compañeros, produciéndoles lesiones menores. El altercado obedeció a una discusión entre un pequeño grupo "progresista" y el estudiante agresor, debido a que este último era miembro activo del Opus Dei y hacía abierto proselitismo de sus ideas. Durante los últimos dos años, había sido blanco de críticas y burlas de varios de sus compañeros y estudiantes de otros cursos. Ese día en especial, el "grupo disidente" rayó sus cuadernos, abrió su mochila y rompieron unos pasquines donde se promocionaba la imagen del líder de la organización. Uno de ellos lo empujó, otro le pegó un coscorrón y finalmente Juan, que era un joven bastante corpulento, les pegó a los dos. De inmediato, la gente intervino tratando de apaciguar la gresca, hasta que las autoridades universitarias se hicieron cargo del asunto.

El vicerrector era un hombre joven, amable y bastante exitoso en su gestión. Tenía fama de ser inflexible y algo dogmático en sus ideas, pero también de ser justo y recto en sus decisiones. En la primera reunión del comité disciplinario, todo el mundo tuvo una disposición flexible y abierta. Los asistentes eran: un profesor, una trabajadora social, el jefe de bienestar estudiantil, el vicerrector y mi persona. Sin embargo, en el segundo encuentro, el ambiente cambió debido a que surgió una oposición de criterio entre el vicerrector de una parte y el profesor y mi persona por el otro. El desacuerdo se debía al tipo de sanción propuesta por la universidad (las directivas querían expulsar a todos los implicados). La opinión del profesor y la mía era que la expulsión era una medida exagerada y que de alguna manera se estaban dejando a un lado los atenuantes que podían explicar y hacer más comprensiva la reacción de Juan, el cual, a nuestro entender, había sido víctima de discriminación por sus ideas religiosas, independiente de que las compartiéramos o no. ¿Había que evaluar a todos con el mismo rasero?

El tema estaba abierto y cada uno de los asistentes comenzó a esgrimir sus opiniones, a excepción del vicerrector, que iba adoptando, poco a poco, una posición cada vez más intransigente y agresiva frente a los que cuestionábamos la posible sanción. Después de una hora de discusión, para sorpresa de todos y posiblemente por la incapacidad de mostrar argumentos sólidos a favor de la expulsión, el hombre explotó, golpeó la mesa con ambas manos y vociferó: "¡La decisión está tomada! ¡No aceptaremos ningún tipo de violencia! ¡Aquí no

hay atenuantes ni excepciones que valgan!". Cuando
el profesor y yo le respondimos que para qué nos hacía
debatir el tema si ya tenía la decisión tomada, salió furioso
y golpeó la puerta.

Más allá de las razones ético/psicológicas que
planteó el problema, quiero mostrar la transformación
que ocurrió al interior del hombre cuando dos personas
del grupo no estuvieron de acuerdo con él y osaron
cuestionar la autoridad de manera insistente. Quizás fue
mucha oposición para su mente rígida o posiblemente
pensó que nadie tenía el derecho a contradecirlo, vaya
a saber. Pero lo que podemos decir con certeza es que
su actitud, aparentemente pluralista, se transformó en
el más burdo autoritarismo. No sólo se negó a tener en
cuenta otras opiniones sobre el altercado e impuso su
opinión a la fuerza, sino que, además, tomó represalias
contra los que habíamos intentado "subvertir" el orden
establecido. Al terminar el semestre, el contrato del
profesor y el mío fueron cancelados, sin previo aviso
ni explicación alguna. La filosofía autoritaria se mueve
con un mandato altamente peligroso: "Quien no está
conmigo, está contra mí".

Para ser flexible

- No te confíes demasiado. Dentro de cada ser humano puede permanecer oculto un tirano listo a imponer su voluntad. Una manera de evitar caer en el autoritarismo es identificar en uno mismo los dogmatismos y entender que son vulnerabilidades que se activan cuando la rigidez no te deja pensar.

- Si tratas de doblar un riel de acero, no cederá un milímetro y si lo hace, se romperá. Esa misma incapacidad la tiene la mente rígida. Si alguien sacara a relucir alguna contradicción profunda en tu manera de pensar, ¿qué harías si tuvieras el poder? ¿Aceptarías el dilema o el error con humildad? ¿Lo enmendarías tranquilamente o harías uso del poder para arrinconar al otro y mandarlo a callar?

- Los buenos líderes no necesitan la imposición o el castigo para defender sus ideas: la fuerza de los argumentos es suficiente. No acompañarte en una idea no implica "estar contra ti", sino manifestar un desacuerdo. ¿Por qué te ofendes entonces? ¿Acaso no eres mucho más que tus creencias, tus reglas o tu supuesto saber? ¿No te parece estúpido molestarse tanto porque alguien no piensa igual que tú? El tirano que llevamos dentro es como un míster Hyde que desplaza al bueno de doctor Jekyll, especialmente cuando la rigidez nos trastorna. Darle a un dogmático el poder total es como ponerle mecha a una bomba y prenderle fuego. Tarde que temprano hará explosión. ¿La solución? Flexibilidad y aprender a perder. O mejor, autocontrol para valientes: "Entrego el poder porque haré mal uso de él, existe "otro yo" en mí, que es mejor dejar quieto.

¿OBEDECER O DESOBEDECER?: LA LECCIÓN DE ANTÍGONA

La tragedia de Sófocles[106], *Antígona*, nos cuestiona profundamente sobre el tema de la controversia obediencia/rebeldía. El tema se refiere a una mujer que decide sepultar a su hermano y rendirle honras fúnebres contraviniendo una orden proferida por el rey Creonte, tío de Antígona. La obra teatral se centra en una profunda reflexión del derecho a la desobediencia, cuando la dignidad de las personas se ve afectada. La heroína le responde a Creonte que no podía encontrar más "gloriosa gloria que enterrando a mi hermano" (así viole la prohibición), y luego agrega:

> "Todos estos te dirían que mi acción les agrada, si el miedo no les tuviera cerrada la boca; pero la tiranía tiene, entre otras muchas ventajas, la de poder hacer y decir lo que le venga en gana" (p. 93).

Creonte actúa como un dictador cruel al prohibir la sepultura del finado, sabiendo el sentido que daban los griegos al acto funerario. Para Antígona, simplemente no era aceptable, así le costara la vida. Pero el rey no da el brazo a torcer. Su hijo Hemón, prometido de Antígona, en una parte de los diálogos, increpa y apela a la razón de su padre, tratando de salvar a su amada:

> "Para un hombre que sea prudente, no es nada vergonzoso si no se mostrase en exceso intransigente; mira en invierno, a la orilla de los torrentes acrecentados por la lluvia invernal, cuántos árboles ceden para salvar su ramaje; en cambio el que se opone sin ceder, acaba desaguado [...] Por lo tanto no me extremes tu rigor y admite el cambio" (p. 100).

Pero el rey hace oídos sordos y lleva a la muerte a Antígona e indirectamente a su propio hijo, quien luego se suicida. La intransigencia de los dictadores no tiene límites porque para ellos el cambio de parecer es síntoma de debilidad o inferioridad. Es mejor morir con las botas puestas.

La buena autoridad, la que es flexible y dialogada, respeta la autonomía y los derechos de los implicados. La mala autoridad, la que es rígida e impositiva, la que es incapaz de revisarse a sí misma y crear excepciones a las reglas, restringirá al extremo la autonomía de los demás. No estoy diciendo que debamos pasarnos los semáforos en rojo cada vez que nos venga en gana para defender el "desarrollo de la libre personalidad", lo que propongo es moverse entre estas dos preguntas existenciales: "¿Cómo he de vivir?" (ética) y "¿Qué debo hacer?" (moral). La primera es más personal, la segunda más social: derechos y deberes. Sin reglas de convivencia, el mundo sería un caos, pero si no pudiéramos elegir o decidir libremente, el mundo sería una experiencia psicológicamente aterradora.

A manera de resumen, y tal como enseña la tragedia de Sófocles, podríamos decir que la obediencia no es siempre la mejor opción. Por ejemplo:

- Cuando un profesor le dice a un niño que se convierta en su espía y le cuente qué dicen sus compañeros, ¿debe obedecer?
- Si se nos prohíbe asistir a un bar swinger "por ley" y quisiéramos hacerlo. ¿Deberíamos obedecer?

- Si se prohíbe la religión o la libre expresión de los cultos, cualquiera sean ellos, en nombre de un principio político, ¿habrá que obedecer?
- Si mañana prohíben por decreto el cigarrillo, porque es considerado una droga peligrosa, ¿habrá que dejar de fumar?
- Si Harry Potter se volviera subversivo o contrarrevolucionario, ¿deberíamos reemplazarlo por Manolito Gafotas, Batman, Mafalda, Inodoro Pereyra o Condorito?

Tanto en la *Declaración de los derechos del hombre y del ciudadano* (París, 1789) como en la *Declaración universal de los derechos humanos* (Nueva York, 1948) se resalta explícitamente el "derecho a rebelarse contra la tiranía y a resistir a la opresión". Este derecho a la resistencia (el que ejercía Antígona) encuentra su mejor manifestación en el concepto de "desobediencia civil o legítima", que consiste en negarse a cumplir una ley cuando se piensa que hay suficientes razones morales para abolirla. Una vez agotados los recursos legales tradicionales para inhabilitar la norma jurídica en cuestión, queda el camino que utilizaron personas no violentas, como Gandhi o Martin Luther King, entre muchos otros.

¿A quién o a qué obedecer entonces? ¿A Dios, al diablo, a los profetas, a los viejos, al Internet, a los programas radiales o televisivos, a los consejeros, a los medios de publicidad, al psiquiatra, a los *yuppies*? Aquí la autonomía enseña: *obedece a tu propia conciencia.* Y no me refiero a la autonomía que nace de la normativa kantiana, sino a la que se origina en la elección libre (sin dogmas), guiada por el buen sentido.

En busca de la autonomía y el pluralismo

Los griegos utilizaban la palabra *autarquía* para significar la capacidad de hacerse cargo de uno mismo. Según Aristóteles, gobernarse a sí mismo mediante leyes morales o políticas conformes con la racionalidad era el ideal de felicidad. Cuando digo "bastarse a sí mismo" o "ser autoeficaz" no estoy exaltando un mundo esquizoide donde perdamos contacto con los otros o nos enemistemos con el prójimo; me refiero a la posibilidad de actuar en consonancia con lo que considero justo, valioso o necesario. Epicureo[107], uno de los mayores defensores de la autarquía en dos de sus escritos, decía:

> "El fruto más importante de la autarquía es la libertad" (Sentencias vaticanas, 77).
>
> "La autarquía la tenemos como un gran bien, no porque debamos siempre conformarnos con poco, sino para que si no tenemos mucho, con este poco nos baste, pues estamos convencidos de que de la abundancia gozan con mayor dulzura aquellos que mínimamente la necesitan…" (Cartas a Meneceo, 130).

La autonomía nos permite poner en funcionamiento nuestros planes de vida y activar aquellas metas que nos permitan desarrollar nuestras fortalezas. Si no eres autónomo, pudiendo serlo, eres esclavo de algo o de alguien. Es el atributo más fundamental del ser humano, entendido como la *libertad de realizar cualquier conducta que no perjudique a terceros.* La autonomía, por definición, se opone a toda forma de autoritarismo.

¿Qué caracteriza a una persona autónoma y no autoritaria?: el *pensamiento pluralista.* Si alguien no acepta que la gente sea *independiente* (autárquica), si le disgusta el intercambio *libre* de ideas y si no permite que los demás participen en las decisiones y puedan criticarlo a él o a su grupo (*democracia*), estamos ante un dictador en potencia. Es mejor mantenerse lejos y, obviamente, no obedecerle.

¿Qué persigue al autoritarismo? Al igual que el totalitarismo (o como una expresión de él), lo que persigue es la *dominancia total.* Hannah Arendt, en *Los orígenes del totalitarismo,* lo expresa así[108]:

"La dominación total, que aspira a organizar la infinita pluralidad y la diferenciación de los seres humanos como si la humanidad fuese justamente un individuo, sólo es posible si todas y cada una de las personas pudieran ser reducidas a una identidad nunca cambiante de reacciones, de forma tal que pudieran intercambiarse al azar…" (p. 533).

Para ser flexible

- Entre el abuso del poder que ejerce el autoritarismo y el abuso de la libertad que predica el libertinaje, están los derechos humanos.

- Las personas flexibles no siguen ciegamente a los maestros de turno o a los expertos; primero piensan, luego se confrontan a sí mismas y finalmente deciden qué hacer. Por eso, irritan tanto a los autoritarios.

- ¿Obedecer y seguir instrucciones? Siempre y cuando no se atente contra tu libertad. Si la racionalidad está presente, la convivencia no se ve amenazada y la dignidad sale bien librada, ¿por qué no? En otras palabras: *respetar lo que sea respetable*. ¿Recuerdas a la señora negra que, en los Estados Unidos, un buen día se sentó en un trasporte público, cuando la gente de color tenía prohibido hacerlo? ¿Recuerdas el impacto que tuvo este simple hecho de desobediencia legítima en el movimiento por la defensa de los derechos de los afroamericanos? Una mariposa bate las alas en Nueva Zelanda y al cabo de una semana puede haber un huracán en Latinoamérica.

- Si aceptas el pluralismo, debes empezar a convivir con las diferencias, sin eliminarlas por decreto y sin caer en la seducción del autoritarismo.

EL BÚNKER DEFENSIVO DEL AUTORITARISMO: "MIS DESEOS SON ÓRDENES"

Las personas autoritarias, posiblemente debido a su inseguridad y tratando de salvaguardar un autoconcepto endeble, se atrincheran en una compleja fortaleza cognitiva para mantener el poder y rechazar a los que pudieran ponerlo en duda. Como si se tratara de un campo de batalla, los autoritarios despliegan todo tipo de estrategias de supervivencia, tratando de defender su posición y sus pensamientos de grandiosidad: "Soy el más fuerte de todos". Primitivo y peligroso a la vez. El gusto por el poder es una de las características principales de las mentes depredadoras.

Esta "guerra psicológica" para establecer el control e imponer la soberanía personal a cualquier costo se sustenta en cuatro esquemas altamente nocivos y disfuncionales: (a) *inculpación: "Muerte al villano vil"*; (b) *prerrogativa: "Debes tratarme siempre como yo quiero"*; (c) *argumentum ad hóminem*, y (d) *"El arte de convencer al súbdito"*.

Inculpación: "Muerte al villano vil"

Las personas autoritarias ven adversarios por todas partes. Una noción acomodaticia del bien ("Lo bueno es lo que me conviene") los lleva a descalificar y censurar a cualquier contradictor. Es una mezcla entre egocentrismo e infantilismo moral: "El que no me apoya es culpable de conspiración".Ver la supuesta perversidad ajena y no la propia es la esencia de la inculpación. La creencia que la sustenta es que *cierta clase de gente es vil, malvada o infame y por lo tanto debe ser seriamente culpabilizado y castigado por su maldad*[109].

Produce indignación ver cómo algunos individuos se erigen en jueces sin que nadie les haya pedido que cumplan esa función. Esta actitud es típica de los puritanos a quienes les fascina asumir el papel de verdugos y excluir a los del bando contrario por "inmorales". En realidad, no importa la denominación que se adopte, llámese operación limpieza, caza de brujas o condena a los pecadores; la inculpación compulsiva es una forma de satanizar al otro.

Recuerdo a un señor que parecería salido de la película *La letra escarlata,* especialmente cerrado con los temas morales y un fustigador implacable con la gente que consumía droga. Los últimos cinco años de su vida se la había pasado señalando e inculpando a los drogodependientes y pidiendo castigos para todo el mundo. Eso le había dado la fama de un "hombre de hierro" que de manera implacable "luchaba contra el vicio". Obviamente, su autoritarismo crecía como espuma cada vez que lo invitaban a dar una conferencia o cuando salía por televisión. Sin embargo, la vida le tenía preparada una triste sorpresa: después de la muerte de su esposa, su hijo menor se volvió adicto al crack. Como era de esperarse, sus críticas a los adictos se suavizaron y empezó a proponer criterios más comprensivos y moderados para ayudar a los farmacodependientes, que ya no eran "viciosos", sino "enfermos". Inculpar al prójimo sin ver la viga atravesada en la propia mente es uno de los mayores síntomas del autoritarismo.

Prerrogativa: "Debes tratarme siempre como yo quiero"

Este esquema responde a la actividad de un "yo" fuera de proporción, queriendo ser el centro del universo intelectual y afectivo. No hay excusa: mis deseos son órdenes. Si respetas mi "rango", deberás adelantarte a mis deseos y darme gusto en todo. A los tiranos hay que complacerlos a cualquier costo. Los autoritarios poderosos exigen discípulos que sean soplones, recreacionistas bufonescos, guardaespaldas, nodrizas o ayudantes multilingües. El sueño de los individuos autoritarios es poseer un ejército de colaboradores complacientes que se ufanen por estar a sus pies y compitan entre ellos para saber quién es más capaz de anticipar mejor los deseos de su mandamás. Obviamente, hay una diferencia clara entre dar gusto y actuar como servidumbre.

La *prerrogativa* autoritaria busca que siempre tenga la razón quien ostente el poder, no importa qué diga o haga. La prerrogativa parte de la siguiente creencia: "Debes tratarme siempre como yo quiero", lo que se apuntala, a su vez, en uno de los pensamientos típicos del narcisismo: "Soy especial".

Argumentum ad hóminem

Esta falacia o distorsión de la información consiste *en negar la fuerza lógica de un argumento, injuriando a quien lo expone, creando la apariencia de que la conducta del opositor o su manera de ser opaca su posición.*

Cuando era estudiante, le comenté a un profesor que no creía en la validez de una de sus teorías psicológicas y le expliqué por qué pensaba de ese modo. El hombre entró en franca indignación. Su respuesta estuvo teñida por el *argumentum ad hóminem:* no se molestó en discutir *mis opiniones,* sino en hacer interpretaciones sobre *mi persona:* "Usted está ofreciendo resistencia… Habría que analizar su pasado para ver qué le ocurrió realmente en la infancia para mostrar semejante negación…". En otras palabras, no estar de acuerdo con tal o cual teoría me ubicaba automáticamente del lado de los traumatizados o los enfermos.

La premisa autoritaria es definitivamente irracional: "Si me caes mal o pones en peligro alguno de mis privilegios o valores, todo lo que digas será considerado estúpido o peligroso. Pero si me caes bien, si no eres amenazante para mi *status quo* o mis creencias, todo lo que digas será tomado positivamente". En conclusión, cuando se rechaza una tesis, no por *qué se* dice, sino por *quién* lo dice, estamos utilizando un procesamiento dogmático y autoritario.

El arte de convencer al súbdito

No es otra cosa que un lavado cerebral. De tanto escuchar que somos imbéciles, podemos creernos el cuento y darles gusto a nuestros evaluadores. Ya no se trata de la obligación que genera la pirámide de mando, sino un Disney World personalizado donde los subalternos son felices al asumir el papel que les asigna el poderoso. El sujeto autoritario busca que la ley del gallinero haga feliz a los de abajo; no importa cuántos excrementos reciban en honor a la causa. Dos premisas que se incrustan en el cerebro: "Te he elegido entre muchos" o "Tienes el privilegio de servirme y de estar en mi equipo". Es decir, ¡tienes la suerte de estar bajo mi mando!

Una de las estrategias preferidas por las personas autoritarias es la aplicación de la gota china, que consiste en aplastar el "yo" de sus subordinados, lenta y sistemáticamente, hasta que se convenzan de que no pueden aspirar a más. Destruir la autoestima, aniquilar la voluntad. Es la táctica de idiotizar a las multitudes o las personas para consolidarse en el poder y seguir allí, bajo los auspicios de aquellos que ya no ejercen el derecho de pensar libremente.

EL PODER DEL PENSAMIENTO PLURALISTA

El autoritarismo, en cualquiera de sus formas, es una lacra psicológica y social. La mejor manera de oponerse al autoritarismo es dejar que otras personas que no comparten nuestros puntos de vista se acerquen e intercambiar ideas y costumbres bajo el patrocinio de una crítica constructiva. De esta manera, al dar cabida a la diferencia, la democracia hará su aparición y con ella la destrucción de la mente totalitaria ¿Un camino para vencer el abuso del poder? Vivir acorde con los derechos humanos, ejercerlos y defenderlos. Presentaré algunos de los factores más importantes que definen el *poder del pensamiento flexible y el pluralismo.*

El pensamiento pluralista te permite:

- No crear una dependencia de la autoridad irracional en ninguna de sus formas.
- Repartir democráticamente el poder, si lo tuvieras.
- No seguir a nadie por obligación, sino por convicción.
- Trabajar en equipo sin explotar ni atropellar a tus compañeros y/o colaboradores.
- Comprender que tus contradictores te ayudan a crecer y, por lo tanto, no necesitas excluirlos de tu vida.
- Discutir sin ofenderte y sin herir a las personas que no están de acuerdo contigo.
- No ver el mundo como una competencia desleal, donde debes ganar o perder, sino como un lugar para llevar a cabo tus metas personales.
- Ejercer el derecho a la desobediencia legítima o civil cuando tu conciencia así lo reclame.

COMENTARIOS FINALES
La mente flexible y
el funcionamiento óptimo

El funcionamiento óptimo se refiere al perfecciona-
miento constante de la mente humana para desarrollar
sus fortalezas básicas. Entre otras cosas, implica pasar de
un estado desorganizado a uno organizado, de un nivel
simple a uno complejo, de una escasa autoobservación a
una mejor autorreflexión, de una mente estática y rígida a
una mente más plástica y menos egocéntrica. Una mente
que funcione bien estará siempre activa y comprometida
con una transformación profunda del "yo". Así como
existe una evolución de la especie a nivel global, también
existe un mejoramiento o crecimiento individual que
hace que nuestras estructuras psicológicas adquieran más
flexibilidad y mayores posibilidades de adaptarse a situaciones nuevas. Funcionamiento óptimo significa escasa
o nula resistencia al cambio y una profunda capacidad
de autocorrección.

Como pudimos ver a lo largo del texto, la propuesta básica fue mover el dial hacia puntos de funcionamiento intermedios, tratando de no quedarse en los extremos nocivos que presenta la mentalidad rígida. Estas preferencias pueden ubicarse en seis zonas básicas de flexibilidad mental.

Zona 1: pensamiento crítico

Alejarse del dogmatismo (creencias inamovibles) y *adoptar convicciones racionales y abiertas a la crítica y la revisión,* sin caer en el "todo vale".

Zona 2: pensamiento lúdico

Alejarse de las actitudes de solemnidad/amargura (tomarse demasiado en serio a uno mismo) y *adoptar el buen humor y la disposición a la risa como forma de vida,* sin caer es la estupidez risueña de la frivolidad.

Zona 3: pensamiento inconformista

Alejarse de la normatividad (aceptación ciega de las normas) y *adoptar una actitud inconformista inteligente y fundamentada* (rebelde con causa), evitando caer en la filosofía del "dejar hacer" (*laissez- faire*) donde la norma es vista como un tabú.

Zona 4: pensamiento imparcial/equilibrado

Alejarse de toda forma de prejuicio y fanatismo y *tratar de ser ecuánimes y justos en cada acto de vida,* haciendo a un lado la inferencia arbitraria y la mala costumbre de catalogar a la gente.

Zona 5: pensamiento complejo

Alejarse de la visión simplista del mundo (infantilismo / trivialidad) y *adoptar una actitud acorde con la complejidad cognitiva,* o si se quiere, una *"sencillez compleja"* (profunda, sin ser oscura), que no se contenta con lo superficial, pero que tampoco pretende ser insondable.

Zona 6: pensamiento pluralista

Alejarse de toda forma de autoritarismo y abuso del poder y *adoptar una posición democrática, pluralista y participativa en cada acto de la vida,* abierta al diálogo y la diferencia.

La flexibilidad mental toma forma en la conjunción de los seis factores mencionados, donde cada parte completa a la otra, como si se tratara de un mosaico móvil y dinámico.

El pensamiento flexible fluye cómodamente por todas las zonas mencionadas, tratando de evitar las polaridades inútiles, absurdas o peligrosas para la salud personal o social.

El poder del pensamiento flexible radica en su tremenda fuerza adaptativa y en la capacidad de autorregulación y crecimiento interno. Mantener fuera el dogmatismo, la solemnidad, la normatividad, el prejuicio, el simplismo y el autoritarismo, da cabida a fortalecer sus contrarios. Una persona que ha desarrollado una actitud crítica, lúdica, rebelde, justa, integradora y pluralista, ha creado un estilo de vida abierto y altamente saludable. No sólo ella vivirá mejor, sino que contribuirá al bienestar de su comunidad.

Las investigaciones son claras: *una mente flexible genera menos estrés, más felicidad y menos violencia;* por eso, debemos educar a nuestros jóvenes para que sean más flexibles y abiertos al cambio.

La capacidad de abarcar otros puntos de vista de manera pacífica y estudiarlos sin prevención alguna es una fortaleza imprescindible para el arte del buen vivir. Siguiendo a Nietzsche, la mente flexible se identifica con: "Querer llegar a ser lo que somos, seres humanos nuevos, únicos, incomparables, que se dan a sí mismos leyes, que se crean a sí mismos".

PERFIL DE LAS MENTES RÍGIDAS

A. Creencias o **esquemas centrales** maladaptativos de la mente cerrada y absolutista:
- *La verdad es una y yo soy el que la posee.*
- *Mi verdad es LA VERDAD, y debo defenderla por cualquier medio.*
- *El cambio, la duda y la revisión son procesos peligrosos.*
- *Hay que tener todo bajo control.*

B. **Pensamientos irracionales** que actúan como cerrojos e impiden la apertura mental:
- *El cambio es debilidad* (confunden autocrítica con flojera).
- *Es mejor evitar los hechos, si estos no están de acuerdo con uno* (confunden cobardía con astucia).
- *Hay que insistir en lo que uno piensa, siente o hace, así la evidencia muestre lo contrario* (confunden empeño con obstinación).

C. **Distorsiones cognitivas,** o errores en el procesamiento de la información, que refuerzan la mentalidad rígida:

- *Pensamiento dicotómico* (no tener en cuenta los matices).
- *Filtro mental* (seleccionar sólo lo que es acorde con sus creencias e ignorar la información que las contradice).
- *Inferencia arbitraria* (sacar conclusiones apresuradas o sin contar con la suficiente información).
- *Razonamiento emocional* (creerle más al sentimiento que a la evidencia).
- *"Debería"* o *"Tengo que"* (pensar que se está obligado a actuar imperiosamente, en un sentido determinado).

D. **Miedos** que impiden una actitud dispuesta al cambio:
- *Miedo a estar equivocado* o a descubrir que la vida personal había estado montada en una falsa creencia (culto a la certeza).
- *Miedo a perder estatus* y autoestima. O dicho de otra forma, a perder la señal de seguridad que implica sentirse el "ungido", el "bueno", el "salvador", el "líder", el "sabio", el "lúcido", y así (culto al ego).
- *Miedo a no ser capaz* o a no estar preparado para afrontar las exigencias que conlleva el cambio, a entrar en caducidad ante lo nuevo y a "enve-jecer". Este miedo siempre va de la mano del

miedo a lo desconocido (culto a la estabilidad o a lo viejo).

E. **Estrategias de mantenimiento** y autoengaño que más utilizan las personas para defender sus esquemas rígidos:

- *La evitación* ("No profundicemos". "No escuchemos a los opositores". "¡Cuidado con exagerar la democracia!").
- *El contraataque* ("Los que no están conmigo están en mi contra"."¡Es un hereje!". "Su moral deja mucho qué desear". "¡Qué se puede esperar de una persona poco inteligente!").

PERFIL DE LAS MENTES FLEXIBLES

A. Creencias o **esquemas centrales** maladaptativos de la mente abierta y flexible:
   - *No soy dueño de la verdad.*
   - *Puedo estar equivocado o equivocada en mi manera de pensar.*
   - *El cambio justificado y la duda metódica son saludables.*
   - *No puedo tener todo bajo control.*

B. **Pensamientos racionales** que actúan como facilitadores y promueven la apertura mental:
   - *Abandonar una idea no es necesariamente síntoma de debilidad.*
   - *Es mejor enfrentar los hechos como son, así no estén de acuerdo con uno.*
   - *La novedad es un reto.*
   - *La autocrítica constructiva es el motor del crecimiento y un antídoto contra el dogmatismo, el autoritarismo y la testarudez mental.*

C. Convicciones y **actitudes en contra** del miedo que favorecen una buena disposición al cambio:

- *La convicción de que los errores son parte natural del proceso de aprendizaje* (se opone al miedo a equivocarse).
- *La convicción de que el apego a las creencias no da estatus ni incrementa la autoestima de manera saludable* (se opone al miedo a no sentirse importante).
- *La convicción de que uno es capaz de adaptarse a las situaciones nuevas* (se opone al miedo a ser caduco o estar pasado de moda).

D. **Estrategias prácticas** a favor de la flexibilidad:
- *Explorar la realidad.*
- *Mantenerse actualizado.*
- *Investigar y profundizar en diversos temas.*
- *Tener experiencias nuevas.*
- *Escuchar a los opositores.*
- *Controvertir argumentos y no atacar a las personas.*
- *Promover actitudes democráticas.*

BIBLIOGRAFÍA

1. Bauman, Z. (2006). *Vida líquida*. Barcelona: Paidós.
2. Chuang-tzu (1993). *Pensamiento filosófico*. Caracas: Monte Ávila Editores.
3. Kendall, P. C. (1992). "Healthy Thinking". *Behavior Therapy*, 23, 1-11.
4. Harvey, R. y Garton, A. F. (2003). "Peer Status: A Factor Influencing Skill Change Subsequent to Exposure to Collaborative Problem-solving?". *Australian Journal of Psychology*, 55, 184-185.
5. Hollenstein, T.; Granic, I.; Stoolmiller, M., y Snyder, J. (2004). "Rigidity In Parent-child Interactions and the Development of Externalizing and Internalizing Behaviour In Early Childhood". *Journal of Abnormal Child Psychology*, 32, 595.607.
6. Sullivan, E. V.; Mathaton, D. H.; Zipuersky, R. B.; Kersteen-Tucker, Z.; Kihht, R. T., y Pfefferbaum, A. (1993). "Factors of the Wisconsin Card Sorting Test as Mesaures of Frontal Lobe Function in Schizophrenia and Chronic Alcoholism". *Psychiatry Research*, 46, 175-199.
7. Hatashita-wong, M.; Smith, T. E.; Silverstein, S. M.; Hull, J. W., y Wilson, D. F. (2002). "Cognitive Functioning

and Social Problem-solving Skills in Schizophrenia".
Cognitive Neuropsychiatry, 2002, 7, 81.95.

8. Halmi, K. A. (2005). "Obsessive-Compulsive Peronsality
    Disorder and Eating Disorders". *Eating Disorders*, 13, 85-92.

9. Tchanturia, K.; Campbell; Morris, R., y Treasure, J.
    (2005). Neuropsychological Studies in Anorexia Ner-
    vosa. *Int J Eat Disord*, 37, 572-576.

10. Fresco, D. M.; Heimberg, R. G.; Abramowitz, A., y Ber-
    tram, T. L. (2006). "The Effect of a Negative Mood
    Priming Challenge on Dysfunctional Attitudes, Explan-
    atory Style, and Explanatory Flexibility". *British Journal
    of Clinical Psychology*, 45, 167-183.

11. Davis, R. N., y Nolen-Hoeksama, S. (2000). "Cognitive
    Inflexibility Among Ruminators and Nonruminators".
    Cognitive Therapy and Research. 24, 699-711.

12. Marzuk, P. M.; Hartwell, N.; Leon, A. C., y Portera, L.
    (2005). "Executive Functioning in Depressed Patients
    With Suicidal Ideation". *Acta Psyhchiatrica Scandinavia*, 112,
    229-301.

13. Comte-Sponville, A. (2003). *Diccionario filosófico*. Barce-
    lona: Paidós.

14. Onetto, F. (1998). *Ética para los que no son héroes*. Buenos
    Aires: Bonum.

15. Lucrecio. (2002). *De la naturaleza de las cosas*. Barcelona:
    Ediciones Folio.

16. Beck, A. T.; Freeman, A.; Davis, D. D., y asociados.
    (2004). *Cognitive Therapy of Personality Disorders*. Nueva York:
    The Guilford Press.

17. Peterson, C., y Seligman, M. (2004). *Character, Strengths and Virtues*. Nueva York: Oxford University Press.

18. Hans, K. (2005). *¿Existe Dios?* Madrid: Trotta.

19. Pascal, B. (2001). *Pensamientos*. Madrid: Valdemar.

20. Coomaraswamy, A. K. (2002). *Buda y el evangelio del budismo*. Barcelona: RBA.

21. Confucio. (1998). *Analectas*. Madrid: Edad.

22. Lao-Tse. (1990). *El libro del sendero y de la línea recta (Tao-Te-King)*. Buenos Aires: Kier.

23. Santo Tomás de Aquino. (2003). *Antología filosófica*. Madrid: Tecnos.

24. Ágnes, H. (1998). *Aristóteles y el mundo antiguo*. Barcelona: Península.

25. Aristóteles. (1998). *Ética nicomáquea. Ética eudemia*. Madrid: Biblioteca Clásica Gredos.

26. Schultz, P. W., y Searleman, A. (2002). *Genetic, Social and General Psychology Monographs*, 128, 165-207.

27. Oreg, S. (2003). "Resistance to Change: Developing an Individual Differences Measure". *Journal of Applied Psychology*, 88, 680-693.

28. Shaffer, D. R. (2002). *Desarrollo social y de la personalidad*. Madrid: Thomson.

29. Riso, W. (2005). De la mente egocéntrica a la mente bioética. En C. Maldonado y A. I. Sánchez (comps.). *Bioética y educación*. Bogotá: Ediciones Rosaristas.

30. Elkind, D. (1981). *Children and Adolescents: Interactive Essays on Jean Piaget*. Nueva York: McGraw-Hill.

31. Heráclito. (2000). *Los filósofos presocráticos*. Madrid: Gredos.

32. Spinoza. (1995). *Ética*. Madrid: Alianza.

33. Burns, D. D. (2006). *Adiós, ansiedad*. Barcelona: Paidós.

34. De Mello, A. (1993). *Un minuto para el absurdo*. España: Sal Terrae.

35. Schopenhauer, A. (2006). *El arte de tener razón*. Madrid: Alianza Editorial.

36. Sexto Empírico. (1993). *Esbozos pirrónicos*. Madrid: Gredos.

37. Schleichert, H. (2004). Cómo discutir con un fundamentalista sin perder la razón. Madrid: Siglo Veintiuno.

38. Zajonc, R. B. (1980). "Feeling and Thinking: Preferences Need No Inferences". *American Psychologist*, 35, 151-175.

39. Cortina, A. (1999). *Los ciudadanos como protagonistas*. Barcelona: Galaxia Gutenberg.

40. Epícteto. (1993). *Disertaciones por Arriano*. Madrid: Gredos.

41. Séneca (1996). *La constancia del sabio. La tranquilidad del alma. El ocio*. Bogotá: Grupo Editorial Norma.

42. Blackburn, P. (2006). *La ética: fundamentos y problemas contemporáneos*. México: Fondo de Cultura Económica.

43. Seligman, M. E. P. (2003). *La auténtica felicidad*. Buenos Aires: Javier Vergara Editores.

44. Bhagwan. (1995). *Vida. Amor. Risa*. Medellín: Editorial Endvmion.

45. Trungpa, C. (1990). *El mito de la libertad*. Colombia: Karma Thegsum Choling.

46. Neenan, M., y Drydenm W. (2004). *Cognitive Therapy*. Nueva York: Brunner-Routledge.

47. Holden,R. (1999) *La risa, la mejor medicina. El poder curativo del buen humor y la felicidad.* Barcelona: Oniro.

48. Zweyer, N.A.; Velker, B., y Rech, W. (2004). "Do Cheerfulness, Exhilaration and Humor Produce Moderate Pain Tolerance?: A FACS Study". *International Journal of Humor Research,* 17, 1-2.

49. Carbelo, B., y Jáuregui, E. (2006). "Emociones positivas: humor positivo". *Papeles del psicólogo,* 1, 1-14.

50. Ellis, A. (1999). *Una terapia breve más profunda y duradera.* Barcelona: Paidós.

51. Brown, S. (2004). "El humor y el proceso de recuperación en doce pasos". En W. Fry y W. A. Salameh (eds.), *El humor y el bienestar en las intervenciones clínicas.* Bilbao: DDB.

52. Osorio, A. E. (2001). *Introducción a la filosofía presocrática.* Colombia: Editorial Universidad de Caldas.

53. De Montaigne, M. (2001). *Ensayos I.* Madrid: Cátedra.

54. De Crescenzo, L. (1995). *Historia de la filosofía griega.* Barcelona: Seix Barral.

55. Ingenieros, J. (2004). *El hombre mediocre.* Buenos Aires: Longseller.

56. Ferrari, J. R., y Mautz, W. T. (1997). "Predicting Perfectionism: Applying Test of Rigidity". *Journal of Clinical Psychology,* 53, 1-6.

57. Ellis, A., y Harper, R. A. (2003). *Una nueva guía para una vida racional.* Barcelona: Obelisco.

58. Bielba, A., y Zabaleta, I. *El culto Zen, el poder de la simplicidad.* (2005). Madrid: Edimat Libros.

59. Frankl, V. (1994). *Ante el vacío existencial.* Barcelona: Herder.

60. Ellis, A., y Abrahms, E. (2001). *Terapia racional emotiva.* Bogotá: Alfaomega.

61. Soler, J., y Conangla, M. M. (2004). *Aplícate el cuento.* Barcelona: Amat Editores.

62. Riso, W. (2006). *Los límites del amor.* Bogotá: Grupo Editorial Norma.

63. Cialdini, R. B., y Trost, M. R. (1997). "Influence Social Norms, Conformity and Compliance". En D. T. Gilbert, S. T. Fiske y G. Lindzey (eds.). *Handbook of Social Psychology.* Nueva York: Oxford University Press.

64. Krishnamurti, J. (2006). *El arte de aprender juntos.* Barcelona: Sirio.

65. Bauman, Z. (2006). *Vida líquida.* Barcelona: Paidós.

66. Gardner, H. (2004). *Mentes flexibles.* Barcelona: Paidós.

67. Worchel, S.; Cooper, J.; Goethaals, G. R.; y Olson, J. M. (2002). *Psicología social.* México: Thomson.

68. Myers, D. G. (2000). *Psicología social.* Nueva York: McGraw-Hill.

69. Collo, P., y Sessi, F. (2001). *Diccionario de la tolerancia.* Bogotá: Grupo Editorial Norma.

70. Duncan, B, J. (1976). "Differential Social Perception and Attribution of Intergroup Violence: Testing the Lower Limits of Stereotyping of Blacks". *Journal of Personality and Social Psychology,* 34, 590-598.

71. Greenwald, A. G.; Banaji, M. R.; Rudman, L. A.; Farnham, S. D.; Nosek, B. A., y Rosier, M. (2000). "Prologue to A Unified Theory of Attitudes, Stereotypes, and Self-

concept". En J. P. Forgas (ed.). *Feeling and Thinking: The Role of Affect in Social Cognition and Behaviour.* Nueva York: Cambridge University Press.

72. Baron, R. A. y Byrne, D. (1998). *Psicología social.* Madrid: Prentice Hall.

73. Kinder, D. R., y Sears, D. O. (1985). "Public Opinion and Political Action". En G. Lindzey y E. Aroson (eds.). *The Handbook of Social Psychology.* Nueva York: Random House.

74. Hebl, M. R., y Heatherson, T. F. (1998). "The Stigma of Obesity in Woman: The Difference in Black and White". *Personality and Social Psychology Bulletin,* 24, 417-426.

75. Lanternari, V. (1983). *L'incivilimento dei barbiri.* Bari: Dedalo.

76. Riso, W. (2006). *Terapia cognitiva. Vitral.* Bogotá: Grupo Editorial Norma.

77. García de Haro. F. (2006). *El secuestro de la mente.* Madrid: Espasa.

78. Burleson, B. R., y Caplan, S. E. (1998). "Cognitive Complexity". En J. C. McCroskey; J. A. Daly; M. M. Martin y M. J. Beatly (eds.). *Communication and Personality: Trait Perspectives.* Cresskill, NJ: Hampton Press.

79. Spiro, R.; Feltovich, P.L., y Coulson, R. (1991). "Cognitive Flexibility, Constructivism and Hypertext: Random Acces Instruction For Advanced Knowledge Acquisition in III-Structured Domains". *Educational Technology,* 31, 24-33.

80. Medvene, L.; Grosch, K., y Swing, N. (2006). "Interpersonal Complexity: A Cognitive Component of Personal-cantered Care". *The Gerontologist,* 46, 220-227.

81. McMahon, P. D.; Showers, C. J.; Rieder, S. L.; Abramson, L. Y., y Hogan, M. E. (2003). "Integrative Thinking and Flexibility Organization of Self-knowledge". *Cognitive Therapy and Research*, 27, 167-184.

82. Dempsey, D. J. (2002). *Cognitive-complexity and Doping Style: The Impact of Cognitive Complexity on Attributional Style and Doping Behaviors*. Colorado: Colorado State University, AAT 3063983.

83. William, D. C., y Radmilla, P. (2006). "Attitudes and Persuasion". *Anual Review of Psychology*, 57, 345-375.

84. Cañas, J. J.; Quesada, J. F.; Antoli, A., y Fajardo, I. (2003). "Cognitive Flexibility and Adaptability to Environmental Changes in Dynamic Complex Problem-solving Tasks". *Ergonomic*, 46, 482.501.

85. Dunleavy, K. N., y Martin, M. M. (2006). "A Convergent Validity Study of the Decision-making Collaboration Scale". *North American Journal of Psychology*, 8, 339-343.

86. Matthieu, R. (2005). *En defensa de la felicidad*. Barcelona: Urano.

87. Comte-Sponville, A. (2005). *Pequeño tratado de las grandes virtudes*. Barcelona: Paidós.

88. Heiser, D. M. (2005). A Study of Fundamentalism and Cognitive Complexity Among Undergraduate Students at a Fundamentalist College. *Adler School of Professional Psychology*: AAE 3166445.

89. Nartub M. M.; Cayanus, J.; McCutcheon, y Maltby, J. (2003). "Celebrity Worship and Cognitive Flexibility". *North American Journal of Psychology*, 5, 75-80.

90. Csikszentmihalyi, M. (1998a). *Experiencia óptima. Estudios psicológicos del flujo en la conciencia.* Bilbao: DDB.

91. Csikszentmihalyi, M. (1998b). *Creatividad.* Barcelona: Paidós.

92. Piaget, J. (1954). *The Construction of Reality in the Child.* Nueva York: Basic Books.

93. Piaget, J. (1952). *The Origins of Intelligence in Children.* Nueva York: International Universities Press.

94. Leahy, R. L. (2001). *Resistance in Cognitive Therapy.* Nueva York: The Guilford Press.

95. Piaget, J. (1934). *The Moral Judgment of the Child.* Nueva York: Free Press.

96. Fromm, E. (1997). *Ética y psicoanálisis.* México: Fondo de Cultura Económica.

97. La Rochefoucauld, F. (2006). *Máximas.* Medellín: Universidad Eafit.

98. Wesley, S. O.; William, S., y Richard, C. (1997). Authoritarianism and Mental Rigidity: "The Einstellung Problem Revisited". *Personality and Social Psychology, 23,* 3-7.

99. Altemeyer, B. (2004). "Highly Dominating, Highly Authoritarian Personality". *The Journal of Social Psychology, 144,* 421-448.

100. Oesterreich, D. (2005). "Flight Into Security: A New Approach and Measure of the Authoritarian Personality". *Political Psychology, 26,* 275-283.

101. Adorno, T. W.; Frenkel-Brunswik, E.; Levinson, D. J., y Sanford, R. N. (1965). *La personalidad autoritaria.* Buenos Aires: Editorial Proyección.

102. Altemeyer, B., y Hunsberg, B. (2005). Fundamentalism and Authoritarianism. En R. F. Paloutzian y C. L. Park (eds.). *Handbook of the Psychology of Religion and Spirituality*. Nueva York: The Guilford Press.

103. Millon, T. (1999). *Trastornos de la personalidad*. Barcelona: Masson.

104. Christie, R. (1993). "Some Experimental Approaches to Authoritarianism: A Retrospective Perspective on the Einstellung (rigidity?) Paradigm". En W. F. Stone, G. Lederer y R. Christie (eds.). *Strength and Weakness: The Authoritarian Personality Today*. Nueva York: Spirnger-Verlag.

105. Dean. D. (2004). "Afaustian pact? Political Marketing and the Authoritarian Personality". *Journal of Public Affairs*, 256-268.

106. Sófocles. (1975). *Ayax, Antígona, Edipo Rey*. Buenos Aires: Salvat.

107. Epicureo. (2004). *Obras*. Madrid: Tecnos.

108. Arendt, H. (2001). *Los orígenes del totalitarismo*. Madrid: Taurus.

109. Ellis, A. (1980). *Razón y emoción en psicoterapia*. Bilbao: DDB.